PERFECT 퍼펙트 온보딩 ONBOARDING

— 직장인의 완벽한 시작을 위한 90일간의 여정 —

직장인의 완벽한 시작을 위한 90일간의 여정
퍼펙트 온보딩

초판 1쇄   2024년 3월 29일

지은이   최규철
펴낸이   홍순제
펴낸곳   주식회사 성신미디어

주소   서울시 영등포구 양평로28가길 6(양평동 6가 9-1)
전화   02-2671-6796   **팩스** 031-943-6795
등록   2016-00025호   ISBN 979-11-979-11-90917-14-8 (13320)

사업 총괄   홍현표
책임 편집   최미혜
본문 디자인 올리브웍스
표지 디자인 기경란

이메일 book@sungshinmedia.com
홈페이지 www.sungshinmedia.com
출판사 인스타그램 @libretto_books

* 리브레토(Libretto)는 (주)성신미디어의 출판 브랜드입니다.
* 잘못 만들어진 책은 구입하신 곳에서 교환해 드립니다.
* 이 책에 대한 의견이나 오탈자 및 잘못된 내용의 수정 요청은 이메일로 알려주십시오.

ⓒ최규철, 2024
Published by SUNGSHINMEDIA Inc. Printed in Korea
저작권법에 의해 보호를 받는 저작물이므로 무단 전재와 복사를 금합니다.

PERFECT
퍼펙트 온보딩

직장인의 완벽한 시작을 위한 90일간의 여정

최규철 지음

ONBOARDING

리브레토

추천사

신입사원은 물론, 영입 인재와 승진자들이 변화된 환경과 역할에 적응하고 조직의 일부가 되는 것은 쉬운 일이 아니다. 나아가서 이런 변화를 계기로 경력을 발전시키려면 생각보다 많이 고려해야 할 사항이 있다. 이 책은 바로 그런 사람들을 위한 책이자 그들을 조직에 받아들여 진정한 팀으로 만들려는 리더들을 위한 내용이다. 그동안 경력 전환기에 진정한 지침서가 될 만한 책이 별로 없어서 아쉬웠는데, 바로 그 부분에 적합한 완벽한 지침서가 나왔다. 적절한 상황별 가이드와 함께 구체적인 양식이나 프로세스가 잘 소개되어 있어서, 인사 담당자들에게 참고 자료로도 좋은 길잡이가 될 것이다. 리더들에게는 현재의 조직 관행을 되짚어보고 개선할 부분을 깨닫게 하는 코칭 효과도 있으리라 본다.

— 코칭경영원 대표코치, 국민대 교수 고현숙

예전에 '직장생활 333'이란 말이 있었다. 부서 배치받고 3일,

3개월, 3년의 세 고비를 넘어야 성공할 수 있다는 말이다. 직장인 온보딩의 3단계인데 이 책은 이 중 90일, 즉 3개월의 소프트랜딩을 위한 실무 가이드북이다. 최소 30년의 대장정을 시작하는 미래 리더들에게 필독서가 아닐 수 없다. 거인의 발자취도 첫발부터다.

- 전 삼성인력개발원 부원장, KAIST 글로벌리더십센터 교수 신태균

　채용에서부터 퇴직까지는 인사관리의 기본 프로세스다. 요즘은 채용만큼 중요한 것이 온보딩 프로그램이다. 과거에는 연간 1~2회 정도의 대규모 신규 채용이 주를 이뤘지만, 몇 년 전부터 소규모 수시 선발을 기본으로 하는 채용 방식이 대두되면서, 과거의 프로그램으로는 대응할 수 없는 현실이다. 또한 새로운 세대가 갖는 조직에 대한 생각도 달라졌기 때문에 요즘 신규 입사자를 위한 온보딩 프로그램은 더욱 중요성이 커지고 있고, 이에 발맞춰 시스템도 변화할 필요성이 있다. 그러한 측면에서 이 책은 회사의 문화를 빠르게 이해하고, 적응함으로써 조직에 조기 흡수되어 자신의 역량을 발휘하고, 조직 안에서 더욱 성장할 수 있도록 돕는 나침반과 같은 역할이 되어줄 것이다.

-《월간인사관리》편집장 구본희

처음엔 누구나 설레고 두렵다. 신입이건 경력이건 새로운 조직에서의 시작은 늘 그렇다. 잘하고 싶고, 인정받고 싶은 게 사람의 마음이기 때문이다. 어떤 일이든 시작이 중요하다. 초기의 미세조정이 전혀 다른 결과를 만들기 때문이다. 설레고 두려운 그들에게 던지는 근 40년 HR 전문가의 조언은 큰 행운이 아닐 수 없다. 이 책의 가이드에 따라 입사 후 약 3개월의 여정을 잘 끝냄으로써 개인의 성장은 물론 조직 성과에 의미 있는 역할을 할 수 있을 것으로 생각한다. 입사 후 무엇을 어떻게 해야 할지가 쉽고, 단순하게 잘 정리되어 있다. 이 책을 통해 신규 입사자들이 자신이 지닌 잠재력의 가능성을 발견하고 발휘하는 계기가 되기를 기대한다.

― 「오십에 읽는 논어」 저자, 카이로스경영연구소 대표 최종엽

입사 첫날! 신규 부서 배치 첫날! 승진 후 첫날! 새로운 업무 환경에 첫발을 내딛는 순간은 누구에게나 설렘과 두려움이 공존한다. 이 책은 그 여정의 시작부터 조직의 변화를 일으키고 지속적인 성공을 이끄는 리더로 성장하기 위해 꼭 필요한 로드맵과 단계별 솔루션을 알려주는 보기 드문 안내서이자 경험서다.

― INSIGHT HRG 대표이사 방호남

프롤로그

새로운 환경에서
무엇을 어떻게 시작할 것인가?

새로운 항해를 시작하거나 비행기가 잘 이륙할 수 있도록 도와주는 프로그램인 온보딩은 신규 입사자가 입사해 조직에 안착Soft landing할 때까지의 적응 과정을 일컫는 비즈니스 용어다. 넓게 보면 승진하거나 새로운 보직을 수행하는 것도 온보딩의 관점에서 다룰 수 있다. 새로운 조직에 적응하기 위해서는 자신이 무엇을 통제할 수 있고, 통제할 수 없는지와 무엇을 해야 하고, 하지 말아야 하는지를 명확히 구분하고 지킬 필요가 있다.

모든 운동이 초기에 기본기를 어떻게 다졌는지에 따라 나머지 선수 시절 성공의 갈림길을 결정하는 것처럼, 90일이라는 온보딩 기간 동안 자신이 무엇을 어떻게 하느냐에 따라 능력 있는 직원으로 인정받고 성공 가도를 달릴 수 있다.

이 책에서 소개하는 온보딩의 구성은 다음과 같이 3단계로 이뤄진다.

- 1단계: **수용하기**Embracing – 조직 내의 문화를 비롯한 시스템과 업무에 필요한 기본 사항을 이해하고 수용한다.
- 2단계: **구체화하기**Emboding – 내 역할과 업무에 필요한 지식, 스킬과 정보를 구체화한다.
- 3단계: **확장하기**Expanding – 원하는 결과가 가능하도록 사고와 경험을 확장한다.

단계를 건너뛰지 말고 순서대로 차근차근해 보자. 기본기가 튼튼하면 다양한 응용과 구체적인 실행이 가능하다. 소통을 잘하기 위해 말을 잘하는 것보다 정확하게 말하는 것이 중요한 것과 같다.

미지의 세계에서 출발하는 것은 걱정 반, 기대 반이다. 시간이 지나면서 조직 생활이 녹록지 않다는 것을 곧 깨닫게 되면, 출근이 기다려지던 설렘은 어느 순간부터 몸과 마음이 무거워지는 부담감과 의무감으로 바뀐다. 그러다 보면 과연 이 길이 맞는지 의구심이 들게 된다. 선박이 암초를 만나 좌초하지 않으려면 올바른 방향으로 가야 한다. 때로 원치 않는 고난을 겪을 수 있지만 시련을 극복하고 나면 인생의 봄날이 온다. 조직에서 자신이 어떤 사람으로 기억되고 싶은지 생각해 보면서 온보딩 기간을 보내는 것이다.

이 책은 새로운 환경에 직면하는 구성원들이 어떤 방향으로 나아가야 할지 나침반이 되어줄 것이다. 온보딩 시기에 노력한 작은 차이가 남은 조직 생활에 큰 변화를 가져온다는 믿음으로 이 책을 읽는 독자들이 자신의 잠재 역량을 확인하는 위대한 여정을 시작하기를 바란다.

2024년 2월

최규철

추천사 —4
프롤로그 새로운 환경에서 무엇을 어떻게 시작할 것인가? —7

인트로
새로운 출발, 기본에 충실하자

온보딩이란 무엇인가? —17

완벽한 온보딩을 위해 알아야 할 프로세스 3E 개요 —28

효과적인 30-60-90일 계획을 세우는 요령 —39

1장
1단계: 수용하기

조직 구조 이해하기

조직이란 무엇인가? —49
기업은 무엇을 목적으로 하는가? —55
자신이 소속된 조직의 가치를 파악하기 —58

소속 부서 파악하기

자신이 속한 부서(팀) 이해하기 —61
주요 직원의 역할과 책임 이해하기 —63
유관부서 및 이해관계자와의 관계 이해하기 —70

신규 입사자 핸드북 숙지하기

신규 입사자가 확인해야 할 체크리스트 —74
신입사원과 기존 사원 간의 멘토링 및 네트워크 형성하기 —79
주요 데이터 및 업무 관련 용어 숙지하기 —83

2장
2단계: 구체화하기

조직문화를 이해하기
자신이 속한 기업의 문화 및 정서 파악하기 —89
자신이 속한 조직의 핵심 인력 파악하기 —92
자신이 속한 조직의 비즈니스 이슈 파악하기 —96

직무와 역량 이해하기
자기 직무 파악하기 —103
자신과 관련된 핵심 비즈니스 이슈 파악하기 —110
자신과 관련된 직무 역량과 공통 역량지표 이해하기 —113

성과 관리 체계 구축하기
자신이 속한 조직의 성과관리 시스템과 프로세스 이해하기 —117
PDCA 방법론Methodology —122
직속 상사와의 관계 형성 및 피드백 —126

3장
3단계: 확장하기

자신의 성공 요소 정립하기
자신의 도전 목표 세우기 — 135
주요 성공 요소 설정하기 — 137
데이터에 기반한 성과지표 측정하기 — 141

차별화하기
개인의 능력 차원 — 146
개인의 관계 차원 — 152
조직 내 성과 차원 — 155

올인
자신이 속한 조직과 자신의 성장을 위해 올인하는 태도 — 161
변화를 가능하게 하는 꾸준함 — 163
자신의 미래를 디자인하기 — 168

에필로그 자기 스타일, 자기다움을 발견하다 — 171
참고문헌 — 175

인트로

새로운 출발, 기본에 충실하자

온보딩이란 무엇인가? Overview

정의 및 역할과 목표

　온보딩이란 사전적으로 배나 비행기에 승선하여 잘 출항하는 과정에 해당한다고 볼 수 있다. 이를 조직 관점으로 비유하자면 신규 입사자가 입사해 조직에 잘 안착Soft landing할 때까지 적응 과정을 말한다. 온보딩은 일반적으로 오리엔테이션, 교육 및 현장학습과 같은 일련의 단계를 포함한다. 온보딩 기간 동안 신규 입사자는 조직구성원으로 빠르게 전환할 수 있도록 조직 내에서 각자의 역할을 수행하는 데 필요한 지식, 스킬 및 태도와 행동을 배우게 된다. 비행기가 이착륙할 때 기름 소모도 많고 가장 사고가 자주 나는 것처럼 조직 내에서도 온보딩 과정은 매우 중요하다.

온보딩 시기는 환경변화에 적응하고 학습하고 도약하기 위해 준비하는 기간이다. 많은 기업에서 입사 후 3개월 동안을 수습 기간Probation period이라고도 한다. 그래서 인사팀에서는 수습 기간 동안 신규 입사자가 우리 조직에 적합한 인재인지 아닌지를 평가한다. 그러나 요즘은 수습 기간을 평가하기 위한 기간이라기보다는 근로자와 사용자가 한 팀이 되기 위한 시기로 인식하는 경향이 있다. 따라서 온보딩 프로그램을 통해 해당 기간을 의미 있게 보내는 것을 중요하게 여긴다.

넓게 봤을 때 온보딩 기간은 채용 직후에만 국한되지 않고, 새로운 직책에 보임하거나 승진했을 때도 필요하다. 기업 규모에 따라, 직원의 역할에 따라, 기업의 목표에 따라 온보딩 기간이 적절하게 정해져야 한다. 통상적으로 경력직원은 신입에 비해 온보딩 기간이 짧고 바로 현업에 투입되는 편이다. 경력직 신규 인력의 경우 전임자 없이 입사하는 경우도 다반사다. 스스로의 능력으로 적응하는 일도 만만치 않은데 기존 구성원들이 '전임자는 그렇게 업무 처리를 하지 않았다'는 식으로 대응할 때

난감해진다. 이럴 때 경력 입사자는 회사와 논의해 합리적인 프로세스를 다시 정립할 필요가 있다.

대부분 신입사원은 인사팀과 현업 부서장의 환대 속에서 여러 가지로 배려받으며 조직 생활을 시작하게 된다. 신입사원들은 상사나 기존 구성원들과 여러 방면으로 라포를 형성하며 심리적 안정감을 찾아가면서 교육을 받게 된다. 이제 공동체의 일원으로 한배에 탔다는 안도감을 느끼며 좋은 감정을 형성해 가는 것이다.

인사전문가 대부분은 체계적인 온보딩이 직원 이직률을 감소시키고 만족도에 기여한다는 데 동의한다. 미국에서 발간된 자료를 살펴봐도 잘 시행되는 온보딩 프로그램은 이직률을 낮추고 몰입도를 높여 성과를 올리는 중요한 역할을 한다고 밝히고 있다.[1] 실제 직원 만족도를 조사해 보면 근속연수 3년 이하 직원이 장기 근속한 직원보다 만족도 지수가 낮다. 또한 채용

---

1 Kevin Martin·Justin Bourke, 「Onboarding The First Line of Engagement」, 2010, pp. 7-10

후 3년 이내 직원들의 이직률이 높다. 이 때문에 일부 인사팀에서는 부서장 성과지표에 신규 입사자 채용 성공률을 포함하기도 한다. 그러면 온보딩 프로그램은 어떤 목표로 운영되어야 할까?

첫째는 신규 입사자가 조직문화에 잘 적응하도록 하는 것이다. 조직이 정체되었거나 경력직원을 채용한다면 해당 부서의 변화가 있기를 기대한다. 가령 영업 부서라면 신규 인력이 메기처럼 파장을 일으켜 기존 사원들이 더 성과를 내기를 기대하는 것이다. 둘째는 빠른 시일 안에 신규 인력이 성과를 낼 수 있도록 돕는 것이다. 속된 말로 밥값을 하게 하는 것을 말한다. 셋째는 신규 인력의 유지율Retention을 높이는 것이다. 그래서 회사에서는 온보딩 프로그램을 통해 사회공헌 활동이나 행사에 신규 인력을 참여시켜 기존 직원들과 친교를 나눌 기회를 제공한다. 아울러 정기적으로 이들이 조직에 잘 적응할 수 있도록 지속해서 지원할 필요가 있다. 놀랍게도 2019년에 미국 임원급 서치 및 리더십 컨설턴트 협회인 AESCAssociation of Executive Search and Leadership Consultants가 실시한 조사에 따르면, 55%가 공식적인 온보딩 프로세스를 하지 않는다고 한다. 이러한 결과는 채용 후 온보딩 프로그램 관리가 제공되도록 비즈니스 리더들과 인사부서가 더 긴밀하게 협력해야 한다는 것을 의미한다.

회사는 채용된 신규 인력이 입사 초기에 회사가 개선할 만한 아이디어를 제시하기를 기대한다. 입사 3개월이 지나면 익숙해져서 개선점이 보이지 않을 수도 있기 때문이다. 그 때문에 나 역시 회의 시간에 신입사원에게 개선점에 대해 의견을 묻기도 했다. 그들이 이슈나 문제를 바라보는 관점이 궁금했기 때문이다. 일부 선임들은 신입이 뭘 알겠냐며 냉소적인 태도를 보이기도 한다. 그러나 로젠탈 효과Rosenthal Effect처럼, 타인의 긍정적 믿음은 성과 향상에 실제로 기여한다. 이는 하버드 심리학과 로젠탈 교수가 샌프란시스코에 있는 초등학생 20%를 무작위로 뽑아 실험한 것으로, 교사의 기대와 격려로 지도받은 학생들은 8개월 후 다른 학생에 비해 평균 지능 검사가 높게 나왔으며 성적도 크게 향상되었다.

그렇다면 신규 입사자들은 채용된 시점으로부터 언제쯤 성과를 내게 될까? 왓킨스 교수의 손익분기점에 따르면 채용된 인력이 조직 내에 기여하려면 최소 6.2개월의 기간이 필요하다고 한다.[2] 경력 여부에 대한 구분이 없으므로 신입이라면 실제로는 그 기간이 더 길어질 것이다.

일반적으로 대다수 기업에서는 신규 채용한 경력직원이 바로 현업에서 성과를 창출하기를 기대한다. 한 HR 전문기업이 2020년에 125명의 경영진을 대상으로 실시한 설문 조사에 따르면, 상당수 경영진은 스스로 내린 채용 결정을 후회한 적이 있다고 밝혔다. 만약 숙련되지 않은 면접관이 잘못된 채용을 하면 기업은 상당한 손실을 보게 된다. 신규 인력을 충분히 검증하지 않고 결원을 성급히 채우려는 채용 역시 마찬가지다. 이 때문에 기업에서는 AI 역량 검사를 도입하는 등 새로운 시도를 하고 있다.

손실을 줄이기 위해선 채용 후의 유지도 중요하다. 어느 다국적 기업의 경우 신규 인력을 3년간 80% 유지하는 것을 성과지표로 삼는다. 5명을 채용했다면 4명이 3년간 퇴사하지 않고

---

[2] Michael D. Watkins, 『The First 90 Days』, Harvard Business Review Press, 2013, p. 4

근무하는 것이다. 만일 1년 안에 채용 인력의 30%가 퇴사한다면 그 빈자리를 채우기 위해 채용 담당자의 노력은 물론 회사는 막대한 비용을 추가로 소모하게 된다. 인력수급이 원활하지 않은 중소기업의 경우 손실은 더 커질 수밖에 없다. 그래서 입사 3년 이내의 직원들이 장기 근속자보다 근로 만족도가 낮다면 리더는 이에 대해 좀 더 관심을 두고 개선할 필요가 있다.

주요 구성요소 및 이점

그렇다면 온보딩 프로그램을 어떻게 구성하는 것이 좋을까? 신입과 경력의 차이, 세대 간의 니즈 차이가 있으므로 인사팀에서는 이러한 점을 고민할 수밖에 없다. 요즘 젊은 세대라 불리는 Z세대 신입의 경우 대부분 어려서부터 인터넷을 생활화했고, 개인화되어 있으며, 미래보다는 현재를 중시하는 경향이 있다. 그 때문에 '회사가 잘되면 나중에 잘해줄 테니 기다려 달라'는 말이 통할 리 없다. 회사의 성장보다는 자신의 성장을 중요하게 여기기 때문이다. 만약 팀장이 과거의 잣대로 신입인 후배에게 인사평가를 한다면 그 후배는 결과가 공정하지 않다고 받아들일 수 있다.

그러한 특성을 반영해 인사팀에서는 그들 스스로 의미를 찾고 움직일 수 있도록 프로그램을 구성할 필요가 있다. 어떤 이슈가 있다면 그들 스스로 문제 해결을 위해 토의하고, 제안하는 방식을 활용하는 것이다. 그들은 대개 독립적이고 정보 검색에 특화되어 있으므로 단체로 여행을 가거나 집단으로 움직여 행사하는 것에 익숙한 선배들과는 다르다는 것을 인지해야 한다.

외투기업의 경우 신규 인력은 대체로 첫 주에 인사팀 주관하에 오리엔테이션 과정을 거친다. 오리엔테이션은 온보딩 과정 중 발생하는 하나의 프로그램으로 신규 입사자가 새로운 환경에 적응할 수 있도록 회사 정보를 소개하고 안내하는 것을 말한다. 오리엔테이션은 조직이 신규 입사자에게 정보를 전달하는 일방적 성격이 강하지만, 온보딩 자체는 신규 입사자가 조직과 상호작용하는 요소가 강하다는 차이점이 있다. 오리엔테이션 후 현업에 배치돼 해당 부서장 책임하에 직무에 대해 학습하며 일하게 된다. 짧은 시간에 회사 프로세스 전반을 다 파악하긴 어렵지만, 핵심적인 사항을 경험하는 것이 조직 내에 안착하는 데 무엇보다 도움이 된다. 신규 인력이 어떻게 비즈니스와 조직문화를 이해하고 소화하게 할 것인지가 온보딩의 주요 역할이다. 신규 인력의 경력 유무와 기업의 규모가 다르더라도 온보딩 프로그램을 시행하는 것 자체가 중요하다. 완벽한 온보딩을 위해선 3E$_{\text{Embracing}\rightarrow\text{Emboding}\rightarrow\text{Expanding}}$ 프로세스를 반영하는 것이 좋다.

생각해 볼 수 있는 온보딩의 이점은 다음과 같다.

- **생산성 향상**: 포괄적인 온보딩 프로세스는 신입사원이 업무를 효과적으로 수행하는 데 필요한 기술과 지식을 배우는 데 도움 되며, 이는 생산성과 성과 향상으로 이어진다.

- **이직률 감소**: 온보딩 과정에서 환영과 지원을 받는다고 느끼는 신입사원은 조직에 장기적으로 머물 가능성이 더 크다.

- **직원 참여 개선**: 신규 입사자에게 회사의 사명, 가치 및 문화에 대한 개요를 제공하는 온보딩 프로그램은 직원 참여와 동기를 높이는 데 도움이 된다.

- **지식 유지 강화** : 잘 설계된 온보딩 프로세스는 신규 입사자가 프로세스를 통해 배운 정보와 기술을 더 오래 유지하는 데 도움이 된다.

- **규정 준수** : 온보딩 프로그램을 통해 신규 입사자가 회사의 규정과 절차를 완벽히 인식한다면 법적 문제를 방지할 수 있다.

- **더 나은 커뮤니케이션** : 온보딩 과정으로 신규 입사자는 회사 내에서의 사회적 역할을 제대로 이행하고 커뮤니케이션을 원활하게 할 수 있다.

- **비용 절감** : 잘 설계된 온보딩 프로세스는 신규 입사자의 생산성을 더 빨리 높이는 데 도움이 될 수 있으며, 그 결과 조직의 비용 절감으로 이어진다.

- **브랜딩 및 이미지** : 좋은 온보딩 프로세스는 신규 입사자가 회사의 문화와 가치를 이해하는 데 도움이 되며, 이는 조직에 긍정적인 이미지와 브랜딩을 촉진하는 역할을 한다. 온보딩을 통해 신규 입사자는 새로운 환경에서 편안함을 느끼고 기존 직원들과 원활하

게 통합할 수 있으며, 자신의 역할과 책임을 빠르게 이해하게 된다.

완벽한 온보딩을 위해 알아야 할
프로세스 3E 개요

- **1단계(30일까지) – 수용하기**Embracing : 조직 내의 문화를 비롯한 시스템과 업무에 필요한 기본 사항을 이해하고 수용한다.
- **2단계(60일까지) – 구체화하기**Emboding : 내 역할과 업무에 필요한 지식, 스킬과 정보를 구체화한다.
- **3단계(90일까지) – 확장하기**Expanding : 원하는 결과가 가능하도록 사고와 경험을 확장한다.

1단계인 처음 30일 동안은 수많은 정보와 데이터를 이해하는 것이 급선무다. 조직 구조를 이해하고, 소속 부서를 파악하며, 아울러 신규 입사자 핸드북을 숙지하는 시기다. 그야말로 수많은 정보와 데이터가 입력된다. 이 시기에는 자신의 편견과

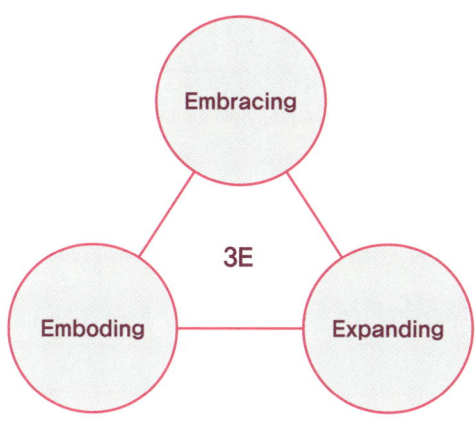

그림1 • 온보딩 프로세스

선입견을 내려놓고 필요한 체크리스트를 채우면서 그 핵심 내용을 이해하자.

2단계인 입사 후 60일까지는 집중적으로 축적된 지식과 스킬을 연마하고 정보를 흡수하는 시기다. 음식물을 잘 흡수하려면 소화를 잘 시켜야 한다. 조직문화에 빠져들고, 직무에 몰입하고, 자신이 속한 성과관리 체계와 프로세스를 활용한다. 정보와 데이터를 정리하고 취해야 할 것과 버려야 할 것을 가려낸다. 보석이 되기 위해 원석을 연마하는 단계와 비슷하다.

3단계인 입사 후 90일까지는 원하는 결과가 창출되도록 신속한 도약을 한다. 그러기 위해서 자신의 성공 요소를 정립하고, 차별화한다. 자신의 모든 것을 올인할 때 집중력은 증가하고 가시적인 성과를 낼 수 있다. 항저우 아시안게임 수영 단거리, 중거리, 장거리 종목마다 서로 다른 선수가 금메달을 차지한 것처럼, 각각 자신의 강점을 극대화해 집중적으로 훈련할 때 최대의 효과를 낼 수 있다.

인사팀에서는 공식적으로 90일 되는 시점에서 신규 입사자들에 대한 근무평정을 소속 부서장(팀장)에게 받는다. 아울러 자체적으로 신규 직원들에 대한 만족도 조사를 시행한다. 신규 직원들이 매일 그날 배운 것을 일지 형식으로 써 보면서 스스로 자신이 배우고, 느낀 것과 실천할 것을 간략히 적는 것도 효과적이다.

일부 팀장은 팀원에 대한 성과 목표와 개발계획에 대해 전혀 신경을 쓰지 않는다. 인사팀에서 관리자들에게 성과관리 교육을 시행해도 본인들이 실천 의지가 없으면 실행이 빈약하다. 자신의 성과관리 실적은 신경 쓰면서 팀원 성과관리는 신경 쓴

흔적이 보이지 않는 경우도 종종 있다. 경영진과 인사팀은 이런 관리자를 개별적으로 신경을 더 써야 한다. 그렇지 않으면 직원 만족도 또는 몰입도 조사에서 해당 관리자가 속한 부서는 안 좋은 결과가 나오게 된다.

2018년 뱀부 HR Bamboo HR이 18세 이상 미국 정규직 직원 약 1,000명을 대상으로 조사한 바에 따르면, 효과적인 온보딩을 받은 직원들의 80%는 회사 성과에 대한 인식이 강력했다. 또한, 온보딩이 매우 효과적이라고 느낀 직원들이 직무 만족도가 훨씬 높았다.[3] 온보딩 프로그램의 이점을 잘 이해하지 못한 경영진은 시간과 비용이 수반되는 온보딩 프로그램을 시행할 필요가 있는지 의구심을 가질 수 있다. 그러나 앞서 살펴본 것처럼 온보딩 프로그램을 시행했을 때 신규 인력이 회사에 대해 좀 더 알게 되고 정착하게 된다.

오리엔테이션 기간에 인사팀에서 충분히 회사의 방향과 경영진의 철학을 이해하는 시간을 제공한다면 새로운 구성원들이

---

[3] Bamboo HR, 「The Incredible Impact of Effective Onboarding」 요약본, 2018, p. 1

조직에 대해 오해하는 위험성이 줄어든다. 신규 인력이 조직에 빠르게 기여하는 기폭제가 되는 것이다. 또한 온보딩을 통해 직무에 대한 기대 수준을 직속 상사와 토의한다면 퇴사율을 낮추는 데 도움이 된다.

SHRM 재단의 탈야 바우어Talya N. Bauer 교수는 성공적인 온보딩 요소로 다음 4가지를 제시한다. 연결Connection은 그 구성원이 구축해야 하는 필수적인 인간관계와 정보 네트워크를 의미하고, 문화Culture는 새로운 구성원이 조직의 규범을 받아들이고 행동하는 것에 미치는 영향을 말한다. 명료함Clarification은 새로운 직무수행으로 관련된 기대감을 명확히 알려주는 것을 말하며, 규정 준수Compliance는 회사의 구성원으로서 당연히 따라야 하는 것을 말한다.[4]

온보딩의 4가지 조건 중 하나인 규정 준수는 정당한 비즈니스 사유 없이 일을 잘못 처리해 중징계받는 경우를 예방할 수

---

[4] Talya N. Bauer, Ph.D, 「Onboarding new employees;maximizing success」, 2010, pp. 2-3

표1 · 성공적인 온보딩 4C's

있다. 그중 하나가 공적 자금을 사적 비용으로 집행하는 것 등을 말한다. 일정 규모의 기업에서는 통합 ERP 시스템이 구축되어 있어서 본사에서 비용 처리를 상시로 모니터링 할 수 있다.

온보딩 프로그램을 구성할 때는 신규 인력에게 부여된 과제를 수행하는 시간을 고려해 그들이 능동적으로 몰입할 수 있도록 해야 한다. 또한, 수행한 업무를 기존 직원들과 같이 경영진 참석하에 보고하고 질의 응답하는 형식은 좋은 경험이 된다. 회의에 임원이 참석하면 사안에 대해 바로 의사결정을 내릴 수 있기 때문에 좀 더 효율적이기도 하다.

온보딩의 최근 동향에는 프로세스를 간소화하기 위한 기술 사용, 원격 직원을 위한 가상 온보딩, 신입 직원을 위한 긍정적이고 포괄적인 환경 조성에 대한 강조 등이 포함된다. 또한, 많은 기업이 온보딩을 신규 입사자 교육뿐만 아니라 회사의 문화, 가치, 사명을 소개하는 기회로 활용하고 있다.

대한상공회의소에서 조사한 100대 기업 인재상을 살펴보면, 5년 전에는 소통협력과 전문성을 강조했던 반면, 2023년에는 책임 의식과 도전정신을 강조하는 방향으로 변화한 것으로 나타났다. '책임 의식'이 부각된 것에 대해 보고서는 "기업은 인력 핵심으로 떠오르는 Z세대 요구에 맞게 수평적 조직, 공정한 보상, 불합리한 관행 제거 등의 노력을 하는 한편, Z세대에게도 그에 상응하는 조직과 업무에 대한 책임 의식을 요구하는 것"이라고 분석했다. 또한 '전문성'의 중요도가 감소한 것은 "직무 중심 채용, 수시 채용으로 채용 트렌드가 전환됨에 따라 대졸 취업자들의 직무 관련 경험과 지식이 일정 수준 이상의 전문성을 갖추고 있어 인재상으로 강조할 필요성이 낮아진 것으로 밝혔다. 참고로 지속 가능한 경영을 위한 'ESG 경영' 확대로 새로운 인재상인 '사회공헌' 순위가 새롭게 등장한 것을 알 수 있다.

구분	1순위	2순위	3순위	4순위	5순위	6순위	7순위	8순위	9순위	10순위
2023년	책임의식 (67%)	도전정신 (66%)	소통·협력 (64%)	창의성 (54%)	원칙·신뢰 (53%)	전문성 (45%)	열정 (44%)	글로벌 역량 (26%)	실행력 (23%)	사회공헌 (14%)
2018년	소통·협력 (63%)	전문성 (56%)	원칙·신뢰 (49%)	도전정신 (48%)	책임의식 (44%)	창의성 (43%)	열정 (33%)	글로벌 역량 (31%)	실행력 (22%)	.
2013년	도전정신 (88%)	책임의식 (78%)	전문성 (77%)	창의성 (73%)	원칙·신뢰 (65%)	열정 (64%)	소통·협력 (63%)	글로벌 역량 (53%)	실행력 (21%)	.
2008년	창의성 (71%)	전문성 (65%)	도전정신 (59%)	원칙·신뢰 (52%)	소통·협력 (43%)	글로벌 역량 (41%)	열정 (29%)	책임의식 (13%)	실행력 (10%)	.

기존 '주인의식' 항목을 '책임의식'으로 명칭 변경

표2 · 대한상공회의소 100대 기업이 원하는 인재상, 2023년

반면 외투기업에서는 주로 실무 중심으로 온보딩 프로그램이 구성된다. 실례로 듀폰코리아는 신입사원이 전사적으로 숙지해야 할 규정과 주요 절차에 관한 사항을 HR 주관하에 온라인으로 제공한다. 또한, 코로나 이후에도 출근과 재택근무를 조합해 유연하게 근무하도록 하는 방식인 하이브리드Hybrid 형태를 유지하고 있다. 입사 후에 부서에 배치되면 직무 역할에 따라 자체적으로 부서별 프로세스와 주요 사항을 교육한다. HR

부서에서는 정기적으로 상하반기에 5일 이내 오프라인 교육을 진행한다.

또 다른 사례로 켈로그는 신규 입사자가 숙련된 직원과 함께 지내면서 자신의 직무를 효과적으로 수행할 수 있도록 섀도잉Shadowing 방법을 사용한다. 이를 통해 모범 사례를 관찰하고, 회사의 프로세스와 문화를 더 깊이 이해하며, 자신의 역할이 더 넓은 조직에 어떻게 부합하는지 이해할 수 있다. 게다가 기존 동료들과 관계를 구축하고 새로운 환경에 신속하게 적응하는 데 효과적이다.

P&G Procter&Gamble에는 리더십 개발 프로그램으로 선발된 신규 입사자가 회사에서 다양한 역할과 기능을 수행하는 숙련된 직원을 따라 배울 수 있는 '몰입형 순환'이라는 프로그램이 있다. 이 프로그램은 참여자들이 다양한 부서, 역할, 지역을 순환하며 몰입형 경험을 통해 리더십 역량을 키울 수 있도록 설계되었다.

- **소개**Introduction : 신규 입사자들은 P&G의 문화, 가치 및 기대치에 대

해 배우기 위해 오리엔테이션에 참석한다. 그들은 또한 회사의 제품, 브랜드 및 역사에 대한 정보를 받는다.

- **직무별 교육** Job-specific training : 신규 입사자는 역할에 따라 직무를 성공적으로 수행하는 데 필요한 직무별 교육을 받는다. 여기에는 특정 소프트웨어 도구 또는 프로세스에 대한 교육이 포함될 수 있다.

- **몰입 순환** Immersion rotations : 신규 입사자는 일련의 몰입 순환에 할당되어 회사 전체에서 다양한 역할과 기능을 수행하는 숙련된 직원을 따라 배운다. 이러한 순환은 일반적으로 일정 기간 지속된다.

- **실무 경험** Hands-on experience : 신규 입사자에게는 몰입 순환 중에 실무경험과 과제가 제공된다. 이를 통해 훈련에서 배운 내용을 적용해 경험해 볼 수 있다.

- **네트워킹** Networking : 몰입 프로그램에는 신규 입사자가 동료와 네트워크를 형성하고 회사 전체에서 관계를 맺을 수 있는 기회가 포함된다. 여기에는 회사 행사 참석, 자원봉사 활동 참여 또는 부서 간 팀 작업이 포함될 수 있다.

- **피드백 및 코칭**Feedback and coaching: 신규 입사자는 몰입 프로그램이 진행되는 동안 관리자와 멘토로부터 정기적인 피드백과 코칭을 받는다. 여기에는 성과에 대한 피드백, 개선 방법에 대한 지침, 회사로부터 받을 수 있는 지원이 포함될 수 있다.

전반적으로 P&G 리더십 개발 프로그램은 이 프로그램에 참여한 우수한 신규 직원에게 회사와 운영에 대한 포괄적인 경험을 제공하기 위해 고안되었다. 이 프로그램에는 신규 입사자가 성공하는 데 필요한 지식과 기술을 개발할 수 있도록 교육, 멘토링 및 실제 경험이 결합되어 있다. 24~36개월 동안 다양한 역할과 기능을 순환함으로써 회사 운영과 자신의 역할이 더 넓은 조직에 어떻게 부합하는지 광범위하게 이해할 수 있다.

효과적인 30-60-90일
계획을 세우는 요령

최근 미국 내 조사에서 40%의 성인이 외로움을 느끼는 것으로 밝혀졌다. 이방인처럼 동떨어진 느낌은 신규 인력이 회사를 떠날 가능성을 높인다. 《하버드 비즈니스 리뷰》에 인용된 자료를 보면, 신규 채용 인력에 대한 표준화된 온보딩 프로그램이 있는 조직이 신규 인력 생산성이 62% 더 높게 나오고, 신규 인력 유지 지표는 50% 더 좋게 나온다. 즉, 신규 인력에 대한 더 많은 시간과 노력을 들이면 그에 따른 결실을 보게 된다는 것이다.

우선 회사가 온보딩을 바라보는 관점을 세우는 것이 가장 중요하다. 경영진, HR 담당자, 조직구성원 모두 동일한 관점을 가지고 있어야 온보딩 프로그램을 제대로 운영할 수 있다. 그렇게 해야 조직과 신규 입사자 간 견해차를 빠르게 좁혀갈 수 있다. HR 담당자가 조직문화를 상세하게 설명해도 실제로 경험하지 못한다면 피부로 와 닿지 않게 된다. 결국 조직문화의 핵심은 구성원의 행동과 경험 공유가 중요하다. 조직문화 전파자 역할로 멘토 같은 버디Buddy를 적극 활용하는 것이 좋다. 온보딩을 통해 이뤄낼 목표를 협의하고 명확한 인재상을 수립할 수 있다.

신규 입사자의 빠른 적응과 높은 업무 퍼포먼스를 끌어내기 위해 우리는 어떻게 해야 할까? 낯선 환경에서의 긴장감을 줄이고 새로운 환경에서의 적응을 돕는 데 필요한 자료를 숙지하게 한다. 아울러 신규 입사자가 업무 성과를 높일 수 있도록 업무 우선순위를 정해 관련 히스토리를 공유해야 한다. 신규 입사자가 두려움 없이 자신의 목소리를 내려면 무엇이 필요한지 확인하고 적극적으로 의견을 제시할 수 있도록 긍정적인 경험 기회를 제공해야 한다.

신규 인력 조기 정착화를 위해서는 30-60-90일이 중요하다. 30일은 각종 이해 당사자와의 회의 및 미팅을 통한 어젠다를 도출하는 기간으로, 60일은 성과 달성을 위해 직속 상사와 부하 직원이 조율하는 시기로, 90일은 새로운 전략과 프로세스 수립 및 시행 방안에 대한 피드백을 구하는 기간이다. 인사팀은 채용을 잘했다는 정당성을 느끼고 싶어 하기 때문에 수습 기간 동안 기대 이상의 성과 가능성을 창출할 수 있도록 계획을 세우는 것이 중요하다. 30-60-90일 플랜에는 구체적으로 다음 10가지가 포함된다.

① 비즈니스를 배워라.
② 회사의 문화를 배우기 위해 직원들과 시간을 보내고 피드백에 대해 열린 자세로 임해라.
③ 본인이 일했던 회사에 대해 강조하지 마라.
④ 본인의 성과를 평가하기 위한 기준들을 직속 상사와 협의해라.
⑤ 멘토를 찾고, 변화를 주기 전에 왜 그렇게 일이 진행되었는지 그 이유를 물어라.
⑥ 이슈들을 해결하기 위한 절차를 직속 상사와 점검해 수립하라.
⑦ 이해 당사자들과 관계를 형성하고 새로운 역할에 적응해라.
⑧ 장단기 목표를 설정하고 진척 사항을 측정할 지표들을 수립해라.

⑨ 본인이 성취한 기록을 유지 관리해라.

⑩ 입사 후 90일 동안에 성과 창출의 가능성을 보여줘라.[5]

경력직의 경우 ⑩번 내용인 성과 창출에 대한 기대감이 높아진다. 입사한 지 얼마 되지 않은 상태에서 목표 설정을 하기란 어렵기 때문에 실질적으로 성과를 창출할 수는 없지만, 신규 입사자가 성과를 창출할 가능성이 있는 사람이라는 것을 보여줘야 한다. 그래야 신뢰가 쌓여 상사가 그 직원에게 중요한 직무를 맡기게 된다. 결국 성과를 창출할 수 있도록 지원하는 것이 계획을 세우는 이유라고 할 수 있다. 아울러 온보딩 과정을 모니터링하기 위해서는 신규 채용 인력에 대해 90일 후 만족도 조사를 할 필요가 있다. 조사 항목에 회사 입사를 이끌어내는 유인 요소Pull factors가 무엇인지 파악하는 것도 필요하다. 인그리디언 기업의 경우 입사 유인 요소로 글로벌 직무, 일과 직무의 균형, 보상수준, 안정성, 근무지 위치 및 성장할 수 있는 기회 등을 꼽았다. 개인에 따라 중요시하는 요소가 다르겠지만 특히 MZ세대는 일과 직무의 균형과 성장 기회에 보다 관심이 많다.

---

[5] 최규철, 《월간인사관리》, 2022. 7월호, pp. 32-33

> ◆ 사례 ◆
>
> 어느 다국적 기업의 경우 부서장 채용 후 일정 시점이 되면 새로운 리더와 깊이 알아가는 세션New Leader Assimilation Session을 갖는다. 이 세션의 목적은 3가지 기대치를 명확하게 한다. 첫째, 리더와 팀원과의 기대치를 분명하게 한다. 둘째, 리더와 팀원의 업무 스타일을 학습한다. 셋째, 성과 창출에 장애가 되는 요인이나 어려움을 파악한다. 세션에서 토의되는 항목은 다음과 같다.
>
> 1) 팀을 이끄는 리더에 대해 얼마나 알고 있는가?
> 2) 리더에게 어떤 기대를 하고 있는가?
> 3) 리더에게 염려되는 게 있다면 무엇인가?
> 4) 리더가 팀을 효과적으로 이끌기 위해 어떤 점을 도울 수 있는가?
> 5) 우리 팀이 직면한 가장 힘든 도전 과제는 무엇인가?
> 6) 어떤 이슈가 가장 먼저 해결되어야 하는가?
> 7) 팀은 리더로부터 어떤 지원을 받는 것이 시급한가?

한국 정서상 구성원이 직속 상사에게 직접 솔직히 비판하기가 어렵다. 상사가 평소 자유로운 의사소통을 얼마나 수용해 왔는가에 따라 다르겠지만, 일반적으로 수평적인 의사소통이 쉽지만은 않다. 그래서 이 세션을 운영할 때는 인사책임자 같은 경험 있는 퍼실리테이터가 필요하다. 이 세션을 통해 리더와 구성원들이 향후 실천 계획까지 정리하고 약속하는 것이 매우 중요하다. 물론 아래와 같이 이해관계자에게 참여를 끌어내는 프로세스를 거치고 필요한 경우 최고경영자 지원을 받는 것도 중요하다.[6]

그림2 · 최고경영자 또는 이해당사자 지원 프로세스

온보딩은 전략 수준에 따라 3가지 단계로 구분한다. 새로운 프로세스를 갖춘 IBM은 이제 레벨 3단계(주도적 온보딩) 조직의 예다. 참고로 레벨 1단계는 수동적인 온보딩으로, 기능은 있지만 체계적이지는 않다. 레벨 2단계는 높은 잠재력이 있는 온보딩 단계로 어느 정도 문화와 연결 메커니즘이 작동한다.[7]

---

6 최규철, 《월간인사관리》, 2022. 7월호, p. 34

온보딩 전략 수준	규정 준수	명료함	문화	연결
1단계 수동적	그렇다	약간	거의/아니다	거의/아니다
2단계 높은 잠재력	그렇다	그렇다	약간	약간
3단계 주도적	그렇다	그렇다	그렇다	그렇다

표3 · 온보딩 전략 수준에 따른 단계

    온보딩을 평가하는 방법은 다양하다. 3년 이내 신규 입사자의 이직률, 신규 입사자 만족도 조사, 관리자 피드백, 저성과자 향상 프로그램에 3년 이내 신규 입사자가 차지하는 비율, 퇴사자 면담 조사 등이 주된 내용이다. 한 조사기관에 따르면, 효과적으로 온보딩을 받으면 신규 인력이 20% 이상 더 업무 성과를 위해 노력한다고 한다. 그래서 온보딩은 인재 유지 전략의 차원이지 단순한 일회성 이벤트가 아니다.

---

7   Talya N. Baucer, Ph.D, 「Onboarding new emloyees: maximizing success」, p. 3

1장

1단계 수용하기

조직 구조 이해하기

조직이란 무엇인가?

조직은 구성원들이 특정한 목적을 달성하기 위해 상호 협력하는 구조다. 다양한 요소로 구성된 조직은 전략 방향에 따라 조직을 재설계할 필요가 있다. 업무를 수행하고 목표를 달성하기 위해서는 구성원들 간의 협력과 조화가 중요하다. 또한 조직 단위와 구조, 비전/전략과의 연계, 글로벌/지역본부/Country 법인 등은 조직의 성과와 업무의 효율성에 영향을 미치기 때문에, 조직 내에서의 업무 분담과 역할 분담을 명확히 할 필요가 있다.

조직은 다양한 요소로 구성되어 있다. 조직의 미래 지향점과 관련된 비전(미래에 되고자 하는 모습), 미션(해야 할 사명), 달성하려는 전략과 목표, 조직 구조, 조직문화, 업무 프로세스와 시스템, 자원과 재정, 리더십을 포함한 조직체계로 구분할 수 있다. 그래서 진단할 때 미국의 컨설턴트인 마빈 웨이스보드 Marvin Weisbord가 개발한 The Six Box model로 조직의 문제점을 진단하고 개선 방향을 도출하기도 한다. 그 요소는 목적Purpose, 구조Structure, 관계Relationships, 보상Rewards, 리더십Leadership과 매커니즘Mechanisms으로 이뤄진다. 조직의 구조는 건축물을 지을 때 산출내역서가 포함된 설계도와 같은 개념이다. 설계도가 잘못되면 건축물을 잘 지을 수가 없는 이치와도 같다. 산출내역서가 포함된 설계도를 보면 건축물 시공 때 어떤 자재가 쓰일지, 전체적으로 건축물을 잘 받쳐주는 구조로 형성되어 있는지 가늠할 수 있다. 나는 건축물이 잘 지어졌는지 알려고 점검하는 것과 온보딩하는 직원이 조직 구조를 잘 이해하는 것이 비슷한 맥락이라고 생각한다. 때로 건축물 보수가 필요하면 리모델링하듯이 조직도 비전과 미션과 전략에 따라 조직을 재설계할 필요가 있다.

나는 간부 인터뷰 때 전략에 관해서 2가지 핵심 질문을 한다. 미래 모습을 달성하기 위해 어떠한 방안을 생각하고 있는지, 전략 추진에 있어서 장애 요인과 고민이 되는 이슈가 무엇인지, 전략의 실행 방안과 추진 시 어떤 장애물이 있는지 파악하는 질문이다. 대개 간부들은 내외부 환경변화에 대처 능력이 부족하고 부서 간 업무협조가 이뤄지지 않는다고 말한다. 어찌 보면 온보딩 중인 직원들도 역시 계속 조직 내에서 이 문제를 고민할 가능성이 크다. 기업마다 전략적 이슈가 다르기 때문에 경영진이나 상사와의 대화의 시간을 통해 확인해 볼 것을 권장한다.

조직 진단을 해보면 구성원들이 공통으로 제기하는 문제는 부서 이기주의다. 나 역시 실무자로 일할 때 이를 경험한 바가 있다. 당시 문제가 해결될 때까지 조직을 하나의 팀으로 통합시키는 데는 상당한 시간이 필요했다. 부서 이기주의는 효율적인 업무 처리를 저해한다. 이를 타파하기 위해 비전 또는 전략 워크숍 때 안건을 오픈해 다 같이 공감하고 지혜를 모아야 한다. 제너럴일렉트릭GE에서 많이 활용되는 문제 해결 방식인 워크아웃Work-out 세션을 통해 부서 이기주의를 개선하기 위한 실천 과제를 도출하는 것도 좋은 방법이다.

조직은 다양한 사람의 집합체이기 때문에 갈등의 연속에 놓일 수밖에 없다. 순기능을 하는 갈등도 있지만 대부분의 갈등은 감정적인 문제로 생겨나 업무 효율성을 떨어뜨린다. 개인 간, 집단 간의 갈등이 심해지면 스트레스가 증가해 정신적으로 힘들어진다. 뿐만 아니라 그러한 갈등은 결국 사회적 비용을 초래하게 된다. 규모가 있는 기업은 이 문제를 해결하기 위해 근로자 지원 프로그램 EAP, Employee Assistance Program을 통해 직무만족이나 생산성에 부정적인 영향을 주는 다양한 문제를 자체적으로 또는 외부 전문가를 통해 지원한다. 아울러 다양성과 포용 D&I, Diversity and Inclusion 정책을 경영과제로 설정하고, 위원회 Committee 같은 추진 조직을 통해 D&I 개념을 조직 내 전파하기 위해 다양한 활동을 추진한다. 또한, 상시 30인 이상 사업장의 경우 의무적으로 고충 처리 제도를 통해 근로자의 불만이나 애로 사항을 해결하기 위한 노력을 한다.

전략에 따라 조직이 상호 협력해야 하는 중요한 이유는 다음과 같다. 첫째, 우선 자원을 최적화할 수 있다. 각 부서가 독립적으로 일하는 것보다 부서 간의 협력을 통해 자원을 효율적으로 활용할 수 있다. 중복된 작업을 피하고, 리소스를 공유하며 더 많은 일을 수행할 수 있다. 둘째, 각 부서는 고유한 전문성을 가지고 있다. 부서 간 협력을 통해 다양한 전문 분야의 지식과 능력을 효과적으로 활용해 문제를 해결하고 혁신을 끌어낼 수 있다. 셋째, 부서 간의 협력을 강화하면 의사결정 과정이 더 신속해질 수 있다. 정보와 의견을 공유하며 빠르게 피드백을 받아 수정하고 실행할 수 있다. 넷째, 다양한 부서 간의 아이디어 교환과 협업을 통해 새로운 아이디어를 발굴하고 문제에 대한 창의적인 해결책을 도출할 수 있다. 다섯째, 조직의 전략적 목표를 달성하기 위해서는 다양한 부서 간의 협력이 필요하다. 각 부서가 자신만의 목표를 달성하면서도 전체 조직의 방향성을 일치시키는 역할이 중요한 것이다.

상호협력을 파악하기 위해선 하나의 프로젝트가 진행되는 과정을 세밀하게 관찰해야 한다. 팀의 구성원들이 어떻게 의사소통하고 정보를 공유하며 작업을 조율하는지를 확인한다. 또한 회의 등을 통해 부서 간의 상호작용을 평가한다. 이때 자신의 주장만 하거나 비난하는 것이 아닌 문제 해결을 위한 대화가 원활하게 이뤄지는지를 확인한다. 각 부서가 다른 부서와 업무를 어떻게 진행하는지 과정을 분석하는 것도 중요하다. 글로벌 직원 만족도 조사에서 상호협력이 얼마나 잘 이뤄지는 지를 진단하는 것은 업무 흐름에서 협력이 어떤 역할을 하는지를 보고자 함이다. 부서 간 협력을 통해 얻은 이점을 평가하는 것도 공동으로 수행한 프로젝트 성과를 측정하는 방법으로 사용된다. 부서 간 갈등이나 문제가 발생했을 때 그것을 어떻게 해결하는지를 관찰하면 그 조직이 건강한지 아닌지를 파악할 수 있다.

그렇다면 어떻게 파악해야 할까? 우선 조직도를 확인해 전체 부서의 구성과 각 부서의 역할을 이해한다. 직속 상사와의 면담이나 동료와의 대화를 통해 팀의 구조와 추진하는 프로젝트, 내 역할에 대한 정보를 얻는 것도 방법이다. 팀원들이 무슨 일을 하는지 듣는 것도 역할 분담을 이해하는 데 도움이 된다. 또한, 조직 내에서 사용하는 문서, 가이드라인, 프로세스에 대한 이해를 통해 업무 수행 방법을 파악한다. 이를 통해 업무 절차를 이해할 수 있다. 아울러 회사 연보annual report가 있는 경우, 이를 잘 숙지하도록 하자. 회사를 전체적으로 이해하는 데 유용한 정보를 얻을 수 있다.

할 수 있다면 실제 프로젝트나 업무에 참여해 다양한 역할과 협업 관계를 직접 경험하고 알아가는 것이 효과적이다. 만일 프로세스나 역할 혹은 업무 지시에 대한 의문이 들거나 불분명한 부분이 있으면 곧바로 상사나 동료에게 '왜', '어떻게' 해야 하는지 물어보고 명확하게 이해한 뒤 실행하도록 한다.

기업은 무엇을 목적으로 하는가?

기업은 비전과 미션을 통해 구성원들이 함께 추구하는 공동의 목표를 수립한다. 비전은 기업이 향하고자 하는 미래의 이상적인 상태이며, 기업이 장기적으로 달성하고자 하는 바에 대한 방향성을 나타낸다. 미션은 기업의 존재 이유와 기본적인 목적을 나타낸다. 또한, 기업은 체계적인 시스템을 구축해 효율적인 운영과 의사결정, 자원 활용을 지원한다. 이를 통해 기업은 수익 창출과 주주가치 실현을 통한 경제적인 가치를 창출하고, 동시에 사회적 책임을 이행해 사회적 가치를 실현한다.

많은 기업에서는 온보딩한 신규 입사자들을 위해 오리엔테이션 때 비전과 미션을 교육한다. 기업의 비전은 최고경영진이 자신의 철학을 탑다운top-down 방식으로 정해서 조직 내에 전파하는 방식이 있고, 직원들이 (또는 포커스그룹) 비전 워크숍을 통해 바텀업Bottom-up 방식으로 제안해 경영진이 확정하는 방식이 있다. 직원 참여를 중요시하는 가치를 가진 기업은 바텀업(상향식) 방식으로 정하는 것이 효과적이다.

목표는 이러한 비전을 토대로 폭포수처럼 조직구성원에게 전달cascading down하는 방식으로 정해져야 훨씬 효과적이다. 일을 올바르게 하기 위해서는 회사의 비전과 목표를 향한 미션을 확인해야 한다. 그렇지 않으면 엉뚱한 방향으로 노만 열심히 젓는 셈이 된다. 만약 비전과 미션이 없다면 바텀업 방식으로 경영진이 참석한 비전 워크숍에서 외부 퍼실리테이터(Facilitator, 조직의 문제를 해결하고 비전을 개발하는 데 돕거나 조정하는 역할을 하는 사람) 도움으로 설정하는 것이 효과적이다.

수용 단계에서는 사내 정보 인프라와 관련된 중요한 시스템과 프로세스를 접하게 된다. 기업 규모에 따라 자체 인사 정보 시스템을 구축하기도 하고 외주 시스템을 사용하기도 한다. 기업은 신규 입사자가 시스템에 따른 지침을 실습할 수 있는 기간을 준다. 다국적 기업의 경우에는 글로벌 전체가 하나의 시스템으로 유기적으로 연계되어 있어, 해외 파견 근무를 가더라도 같은 시스템을 사용하는 경우가 일반적이다.

기업의 시스템은 효율적인 운영, 의사결정 지원 및 자원 활용을 위해 중요한 역할을 한다. 신규 입사자들이 온보딩하는 과정에서 알아야 할 점은 다음과 같다. 시스템과 도구 사용, 보고 및 분석을 위한 데이터와 정보 활용, 프로세스 및 워크플로Workflow 이해, 보안 및 데이터 관리 그리고 지식 공유 및 협업하는 방법이다.

기업 활동을 통한 수익 창출은 주주가치를 높이며 경제적인 가치를 실현하는 데 그 목적을 두고 있다. 고용이나 투자를 통해 사회적 가치를 추구하는 것도 중요하다. 또한, 요즘 강조하는 환경, 사회 및 지배구조ESG, Environment, Social and Governance를 뜻하는 ESG 경영은 기업의 장기적인 가치 창출과 위험 관리, 사회적 책임을 고려해 지속 가능한 비재무적인 경영 활동을 추구하는 데 중요한 역할을 한다. 국내에 상장된 일정 규모 이상 기업은 지속가능경영 보고서를 통해 경영 활동의 비재무적 활동과 성과를 공개하고 있다.

자신이 소속된 조직의 가치를 파악하기

개인 차원에서 자신이 소속된 조직의 가치를 파악하기 위해 고려해야 할 몇 가지 요소는 다음과 같다. 첫째, 조직구성원 간의 약속Commitment이다. 구성원들은 조직의 목표 달성을 위해 상호협력하고 자신의 역할에 충실해야 한다. 둘째, 리더는 조직의 비전과 목표를 실행하기 위해 구성원들을 리드하고 지원해야 한다. 이에 구성원들은 조직의 핵심 가치를 따라 원칙에 따라 업무를 수행해야 한다.

조직의 핵심 가치는 사업 환경에 적합한 기업 문화를 창출하기 때문에 알아야 한다. 즉, 핵심 가치라고 정한 일련의 가치 체계가 회사의 미래를 이끌어 가는 행동 기준이라고 볼 수 있다. 또한, 행동 지표는 조직의 가치를 실제 행동으로 나타내는 지표다. 이러한 행동 지표는 조직구성원들의 행동을 평가하고 개선하는 데 쓰인다. 핵심 가치는 조직구성원 간의 협력을 끌어내고, 높은 수준의 책임감과 끊임없이 배우려는 기업 문화가 반영된 것이다. 리더들은 솔선수범해 온 마음을 다해 핵심 가치에 따라 행동하고 더욱 발전시키는 동시에 조직구성원 간의 약속을 끌어낸다.

개인이 조직과 잘 맞는지를 나타내는 중요한 판단 근거인 조직 정합성Organization Fit은 구성원들의 역량, 가치관, 성격 등을 고려해 평가된다. 조직 정합성은 개인의 가치와 조직의 가치가 얼마나 부합하는지에 따라 달라진다. 아래 목록에서 자신이 중요하게 생각하는 가치 10개를 선택해 보라. 현재 직무에서 충족되는 것과 그렇지 않은 것은 무엇인가?

성취	재미	생산성
모험	자기관리	인정
사랑	헌신	관계
권위	높은 임금	조화
소속감	영향력	존중
도전	정직함	성장
협력	지혜	안전
평화	리더십	자립심
창의성	소통	일관성
아름다움	배움	행복
우월성	낮은 업무강도	명예
공정성	주인의식	안정성
가족	차별화	독창성
신뢰	열정	다양성
자율	업무에 대한 자부심	성공
유연한 근로시간	문제 해결	배려

표1 · 가치 목록(예시)

구성원들에게 조직의 가치를 준수할 행동 기본 원칙으로 제시하는 것이 윤리강령이라고 할 수 있다. 비즈니스 윤리강령은 조직 내에서 윤리적인 행동을 촉진하기 위한 가이드 라인이다. 나를 비롯한 조직구성원들의 행동이 정립되어야 업무 성과가 향상된다. 많은 기업이 승진 심사 때 반영하는 역량 평가 지표는 회사의 공통 가치 역량과 리더십 역량을 행동 지표로 설계한 것인데, 이때 윤리강령이 행동 지표에 반영되어 구성원들이 사업 운영 정책에 얼마나 부합되는 행동을 하고 있는지 평가하게 된다.

소속 부서 파악하기

자신이 속한 부서(팀) 이해하기

신규 입사자에게 가장 중요한 것은 팀 구성원으로 소속감을 느끼고 있는가다. 부서 내에서 개방적으로 의사소통이 이루어져야 필요한 정보가 공개되고 그로 인한 적절한 판단과 의사결정이 가능하게 된다. 구성원들은 투명성Transparency을 기반으로 신뢰가 형성된다. 이런 구조에서 자신의 역할이 부서(팀) 목표에 기여한다고 느끼게 된다. 신규 입사자는 내가 속한 팀을 이해하기 위해서 팀을 객관적으로 평가해 볼 필요가 있다. 필요시 DISC(D-주도형, I-사교형, S-안정형, C-신중형) 같은 성격유형 검사 도구를 활용하는 것도 좋다. 자기 팀에서 자신이 어떤 성향인지 파악할 수 있는 출발점이 된다.

팀에서 보유한 기능이나 역량 가운데 가장 우선시되는 것이 무엇인지 알아보는 것도 중요하다. 목표 달성에 필요한 재능을 가지고 있는 팀원은 누구인지, 만약 회사에서 당장 구조조정을 한다면 끝까지 놓치고 싶지 않은 사람이 누구이고 그 이유는 무엇인지, 까다로운 업무상의 문제가 대두될 때 조언을 구할 만한 사람이 누구인지 파악하는 것도 중요하다.

팀의 역할을 모르고 일을 하는 것은 숲을 보지 못하고 나무만 보는 경우다. 연말이나 연초에는 팀마다 연간 목표를 설정하게 되는데, 이때 팀원은 팀장의 목표를 보고 자신의 목표를 설정하는 것이 효과적이다. 보통 기업에서는 한 해 동안 팀이 해야 할 일을 협의하고 우선순위를 정하기 위해 워크숍을 진행하기도 하는데, 이때 적극적으로 참여하는 것이 중요하다. 그 해의 목표와 팀의 역할을 제대로 이해하지 못하면 회의 시간에 자신의 의견을 정확히 표현하기도 어렵고 팀에게 자신의 존재가 팀에 어떤 기여를 하는지 인정받기도 어렵다. 자신이 속한 팀을 이해하는 것은 자신의 업무를 잘하기 위해 꼭 필요한 일이다.

조직 내 성과관리가 잘되지 않는 이유가 팀 내 소통이 잘되지 않아서라는 점에 다수가 공감할 것이다. 소통이 되지 않다 보면 정보 공유가 안 되고 의사결정도 적절하게 이뤄지지 않는다. 결론적으로 팀을 이해하는 것은 지속적으로 필요하며 구성원들과의 소통과 협력을 통해 발전시켜 나가는 것이 중요하다.

예를 들어, 팀 빌딩을 위해 조직에서 전체적으로 주관하는 행사의 경우에도 일정한 예산 내에서 팀별로 자율적으로 이동과 식사 관련 사항을 해결하게 하는 DIY(Do It Yourself) 방식이 행사의 만족도를 높이고 재미를 준다. 인사총무팀 담당 직원도 힘이 덜 들고 행사를 통한 만족도는 높일 수 있기 때문이다.

주요 직원의 역할과 책임 이해하기

온보딩하는 사람들이 조직 내에서 정해진 업무와 역할을 파악하는 것은 적절한 업무 수행과 효율성을 위해 매우 중요하다. 그 이유는 첫째, 자신의 역할과 책임을 명확히 알아야 업무의 중요도와 우선순위를 이해할 수 있기 때문이다. 둘째, 업무 분담이 명확하지 않아서 업무가 중복되거나 누락되는 문제와 이러한 문제로 생기는 갈등을 예방할 수 있다. 셋째, 각각의 구성원들이 자신의 역할을 효율적으로 수행해 조직의 목표에 더 빠르게 도달할 수 있다.

직무분석을 한 조직은 주요 직원의 R&R(Roles and Responsibilities)을 업무 과업별로 분류한다. 팀별로 단위 업무는 담당자별로 업무 프로세스 분석인 RACI 표기 방식을 통해 매핑해 볼 수 있다. RACI는 Responsible(책임 있는), Accountable(책임지는), Consulted(협의하는), Informed(알리는)의 약자로, 누가 어떤 업무를 하는 지를 명확히 정의하는 도구이다. 예를 들어 직원 채용업무는 채용 담당자가 책임 있는 R에 해당하지만, 인사(채용)팀장이 채용 전반에 대하여 책임지는 A로 표기한다. 기업 문화 프로그램 개발을 인사팀에서 주도하지만, 홍보팀과 협의하는 C로 표기한다. 탐내 예산을 해당 팀에서 편성하지만, 회계팀 예산 담당자에게 알려주는 I로 표기한다. 어느 외국인 투자 기업의 설비유지보수 업무를 RACI chart로 정리하면 아래와 같다.

활동	공장장	설비팀장	설비코디네이터	설비엔지니어	설비슈퍼바이저	설비기능사	생산계획플래너	생산팀장
SAP-PM 모듈에 마스터 데이터를 업데이트된 상태로 유지		I	I	I	I		R	
서비스 시간을 표시하고 완료된 모든 주문을 종료				A	I	I	R	
정의된 기한에 따라 업데이트된 스케줄링 실행 데이터 유지		I		A	I	R		
설비 프로세스의 성과지표 산출 및 공개	I	A	I	R	I		I	R/I	I
주요 설비 프로세스의 지표를 이해하고 모니터링	I	A/R	R	R	R	I	I	R
설비 프로세스를 수행	I	A	R	R	R	R	R	I

표2 · RACI Chart(예시)

기업 여건에 따라 직무분석이 안 된 조직은 아래와 같이 직무조사서 (약식) 형태로 탐내 담당자 업무(또는 자신의 업무)가 어떻게 진행되고 있는지 파악하는 일부터 정리한다.

주요 업무	세부 과업 내용	산출물	난이도 (H, M, L)	중요도 (H, M, L)	외국어 빈도 (H, M, L)	업무 발생 빈도	연간 소요 시간	업무 비중 (%)
국내 영업	오더 프로세스	판매 오더	M	H	M	240회*2시간/년	480	25%
	재고 관리	재고 현황	H	H	M	12회*4시간/년	48	2%
	제품 라벨링	제품 라벨	M	L	L	48회*1시간/년	48	2%
	마감, 지급 이슈	마감 데이터	M	H	M	12회*12시간/년	144	7%

주) 1. 난이도: 다른 구성원들이 대신 해 줄 수 있는지 여부
2. 중요도 : 팀 내 업무 가치의 중요도
3. 외국어 활용 빈도
4. 발생빈도 : 업무 발생 빈도를 일, 주, 월, 연 단위로 기록
5. 연간 총 소요시간 : 발생 빈도를 연 단위로 환산
6. 업무비중은 연간 총 소요시간의 구성비로 환산

표3・국내 영업 관리 직무조사(약식)

R&R 파악이 중요한 것은 해당 직무수행을 위한 핵심 성공 요인Critical Success Factor과 성과지표를 수립하는 것이 필요한 전제가 되기 때문이다. 직무 기반의 인사제도를 시행하고 있는 조직은 직원들의 역할, 책임, 업무 범위, 필요한 기술과 역량 등을 명시하는 내용을 아래 예시와 같이 직무기술서로 담고 있다. 이

직무기술서 (약식)

직무명: 공장 인사관리자
직속 상사: 공장장

직무 개요	1. 비즈니스 전략과 일치하는 공장 내 효과적인 인사 프로그램과 솔루션을 제공한다. 2. 공장 조직의 효율성을 향상할 수 있는 인력 상담 및 지원 업무를 담당한다.
역할/ 책임	1. **직원 관계** – 경영진과 협력하여 비즈니스 요구와 직원 요구의 균형을 유지하면서, 공장 내 인사 정책, 절차 및 프로그램을 해석하고 적용한다. 2. **노사 관계** – 비즈니스 요구 사항이 계약상의 요구 사항과 균형을 이루도록 하고, 일상의 노동 조건을 관리하는 현장 관리자 오너십을 촉진한다. 3. **직원 개발** – 교육훈련 프로그램을 제공하며, 인재 육성과 경영진 및 공장 인사 실무의 커뮤니케이션을 지원하는 프로세스를 조정한다. 4. **채용** – 공장의 단기 및 장기적 요구를 지원할 수 있는 인재를 확보하기 위한 활동을 지원한다. 5. **성과관리** – 공정이 효과적으로 운영될 수 있도록 인력의 성과관리 프로세스를 지원한다. 6. **직원 보상** – 본사와 협의하여, 보상 프로세스가 비용, 규정 준수 및 노동법과 관련하여 효과적으로 관리되도록 한다. 7. **지역사회관계** – 비즈니스 목표 달성을 촉진하고 지역 사회에서 제품의 이미지를 향상하는 효과적인 지역 사회 프로그램을 유지한다. 8. **데이터베이스 관리** – 정확하고 가용한 정보를 보장하기 위해, 다양한 인사 프로세스를 위한 데이터베이스를 본사 인사부와 적절하게 협업한다.
직무 요건	1. **학력**: 학사 이상 2. **직무 경험**: 관련분야 직무 경험 5년 이상, 노조 관련 경력 선호 3. **교육**: 직무수행과 관련한 교육과정 이수자 4. 이해관계자들과 원활한 의사소통과 문제 해결 능력
직무 역량	1. 경영지식에 대한 이해력 2. 인사/노무 제도 대한 이해력 3. 훈련 및 개발 능력 4. 성과관리 능력 5. 공장 관리 운영에 대한 이해력 6. OA 활용에 대한 검증된 숙련도

표4 · 공장 인사 관리자의 직무기술서 예시

는 각 직원의 업무 수행과 성과평가, 역량개발에 활용되며, 업무의 명확한 분담과 성과 달성에 기여하는 도구로 활용된다. 그래서 채용 때 직무별 필요한 요건을 담은 아래와 같은 직무기술서(예시)를 헤드헌터에게 전달하거나 채용사이트에 올린다.

또한, 전략적 인적자원 계획 관점에서 직무 가치와 직무의 중요한 독특한 면을 고려하여 아래와 같이 4가지 역할로 구분해 볼 수 있다. 역할 세분화 맵Role Segmentation Map을 만들어보는 것이다. 경영진이 포커스 할 영역이지만, 향후 커리어맵을 그리기 위해서 미리 생각해 보는 것도 의미가 있다.

- **스페셜리스트 역할**Specialist role : 산업 또는 공정상 전문지식이나 전문성이 필요한 역할
- **중대한 역할**Critical role : 전략적 목표 달성에 필수적인 역할
- **핵심 역할**Core role : 운영 우수성Operation Excellence과 관련된 역할
- **지원 역할**Support role : 산업 또는 프로세스에 국한되지 않는 일반적인 지원 역할

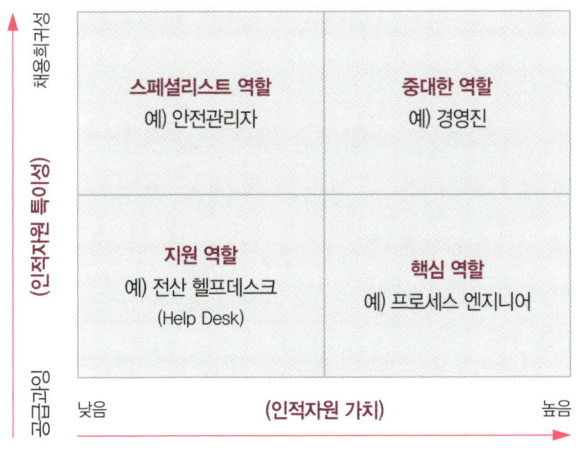

그림1 · 역할 세분화 분류

회사마다 인적자원에 대한 가치 판단 기준이 다르다. 그래서 회사마다 중대한Critical 직무에 관한 판단이 다를 수 있다. 예를 들면, 한국에 법인을 둔 외국계 제약회사는 신약을 한국 시장에 출시하는Market Access 직무가 중대한 직무이다. 해당 약을 출시함으로 국민에 이롭고 사회적 비용을 감소시킬 수 있다는 점을 통계적으로 분석하여, 해당 정부 관계자를 설득해야 하는 것이다. 제조업일 때 생산 공정 운영을 책임지고 있는 핵심 엔지니어가 중대한 직무이다. 공정이 중단되지 않고 잘 가동되어 제품들이 적절하게 생산될 수 있도록 해야 하기 때문이다.

소비재 식품산업의 경우 소비자 니즈를 만족시킬 적절한 신제품 개발을 포함한 비즈니스 개발Business Development 업무가 중대한 직무로 볼 수 있다. 건설사업 개발의 경우에는 사업 수지 분석 직무가 중요하고, 건설 현장은 안전 및 품질관리, 원가절감 하는 직무가 중요하다. 재무부서에서는 국내기업의 경우 자금관리, 유동성관리 직무가 중요하지만 외국인 투자 기업 재무부서는 재무 기획Financial Planning하는 업무가 중요하다. 인사업무는 대다수 기업의 경우 지원부서로 생각하는 경향이 있지만, 조직과 인사의 장기적인 전략을 기획하는 업무라면 중대한 직무라고 판단된다. 이러한 과정은 신입사원 자신이 향후 중대한 Critical 직무로 경험의 폭을 넓힐 수 있는 가이드를 그려 볼 수 있는 것이다.

유관부서 및 이해관계자와의 관계 이해하기

자신의 업무 프로세스를 파악하는 것은 해야 할 일과 책임의 한계를 어느 정도로 규정할 것인지의 문제로 귀결된다. 직무를 효율적으로 수행하기 위해서는 개선되어야 할 점을 점검하는 과정이 필요하다. 이 과정에는 일의 우선순위와 업무 프로세스를 작성해서 확인하는 것이 좋다. 조직 안에 업무 프로세스 매뉴얼이 없다면 직무 전문가를 통하거나 스스로 자료를 찾아 직접 작성해 보는 것도 방법이다.

또한 업무 프로세스 안에서 나와 연관된 담당자를 확인하고 역할과 기능이 중복되지 않도록 책임 소재를 명확하게 정립하는 것도 중요하다. 여건이 허락하는 한 업무 프로세스상의 담당자와 적극적으로 소통해 필요한 정보를 얻거나 제공할 필요가 있다.

만약 업무 과정에서 해당 담당자와 상의 없이 일을 처리하게 되면 절차상 문제가 생겨 곤란한 경험을 할 수 있다. 따라서 반드시 누락된 내용이 없는지 점검하며 일을 매듭짓는 습관을 갖는 것이 좋다 해당 업무와 연관된 담당자에게 이메일만 보내 놓고 내 할 일은 다 했다고 생각하지 말고, 되도록 대면 또는 전화로 필요 사항을 확인하는 것이 중요하다. 까다로운 사람일수록 직접 만나서 대면face-to-face으로 업무를 처리하는 것이 효과적이다. 이때 기억에 의존하다가 착오를 일으키는 실수를 하지 않도록 주요 사항은 메모해서 점검하도록 하자.

열린 협력관계를 구축해야 할 대상을 생각해 보자. 유관 부서와 이해관계자 간의 관계는 사업 운영 메커니즘Business Operation Mechanism을 통해 조직적인 상호작용과 협력을 구축한다. 조직 내에서는 비즈니스를 운영하기 위한 다양한 의사결정 메커니즘이 있다. CEO가 참석하는 경우 대부분 중요한 의사결정이 이루어진다. 외투기업의 경우 그것이 전략적인 어젠다Strategic Agenda 인지, 운영상의 어젠다Operating Agenda인지에 따라 투자금액과 조직에 미치는 영향이 달라진다. 아울러, 업무 수행 과정에서 관련 이해관계자들과의 이견 조율과 협업을 통하여 효율적인 의사결정과 필요한 승인 절차를 이뤄낸다. 업무 프로세스는 특정 업무의 진행 과정을 나타내며, 이를 통해 각 담당자는 자신의 역할과 책임을 수행한다. 업무 프로세스에는 여러 단계와 담당자들의 연계가 포함되며, 담당자들은 각 단계에서 자신의 역할을 하고 다른 담당자들과의 협력을 통해 업무를 원활하게 진행한다.

업무가 고객이나 타 업체를 상대해야 하는 일이라면 회사에서 사전에 충분히 훈련받는 것이 중요하다. 만일 영업사원이라면 제품의 특성과 이점이 고객의 요구 사항을 어떻게 충족시킬 수 있는지 설명할 수 있어야 한다. 고객뿐만 아니라 정부 관련 부처 관계자, 투자자와 금융회사 관계자 등 다양한 협력사에 어떠한 사안에 대해 커뮤니케이션을 잘하는 것이 중요하다. 따라서 자신과 관련된 이해관계자들의 리스트를 만들어보고 그들의 기대 사항을 정리하는 것이 좋다. 이미 조직 내에는 이러한 외부 담당자들과 관계를 유지하고 있는 선임자들이 있기 마련이므로 그들에게 조언을 구하거나 초기 미팅 시에 동행하는 것도 도움이 된다.

신규 입사자
핸드북 숙지하기

신규 입사자가 확인해야 할 체크리스트

　신규 입사자는 입사 후 90일 동안 확인해야 할 체크리스트를 작성하는 것이 좋다. 기업 차원에서 준비한다면 각 항목에 대한 자세한 설명과 지침을 더해 제공하도록 한다. 신규 입사자 핸드북은 조직 내 정책과 규정을 숙지하고 업무를 원활하게 수행할 수 있도록 도움을 주는 것이다. 핸드북 체크리스트에 확인할 주요 사항은 다음과 같이 분류할 수 있다.

섹션Section A	비즈니스 윤리강령Business Code of Ethics 및 회사 가치Values
섹션 B	근태 및 휴가 관련 사항
섹션 C	임금체계 및 성과급 제도
섹션 D	인사 총무교육 및 복리후생 제도
섹션 E	국내/외 출장 및 여비 규정
섹션 F	입/퇴사 절차에 관한 지침 및 내부 커뮤니케이션 정책
섹션 G	현업 업무에 필요한 각종 양식

표3 · 핸드북 구성(예시)

　　회사에 따라 용어는 다르지만 이러한 내용을 이해하는 것은 원활한 업무 수행을 위해 반드시 숙지해야 한다. 회사에서 이러한 핸드북이 제공되지 않는다면 주요 내용을 담은 자신의 핸드북을 형식에 구애받지 말고 만들어서 필요할 때마다 숙지하자. 필요한 경우 교육훈련이 이뤄지기도 하니 핸드북에 포함하면 된다. 계약직일 때 별도 규정이 적용되기도 하니 어떤 차이가 있는지 확인할 필요가 있다. 아울러 현업 업무와 관련된 각종 양식은 해당 부서에 요청해서 받거나 없는 경우 문서/서식

포털사이트에서 각종 필요한 양식을 참고하도록 한다. 핸드북을 만들 때는 조직 내에서 필요한 정보에 기반해 내용을 구성해야 한다. 일반적으로 다음과 같은 내용을 포함할 수 있다.

- **회사 소개:** 비전, 미션, 연혁, 설립자 철학
- **조직 구조:** 부서나 팀 소개
- **정책 및 절차:** 근태 관리 사항, 휴가 정책, 윤리규정 등
- **혜택 및 복지:** 급여, 보험, 복리후생, 퇴직 연금 등
- **의사소통:** 회사 커뮤니케이션 도구 사용법 등
- **업무 지침:** 업무 수행에 필요한 지침 및 프로세스
- **문화와 가치관:** 조직 내 문화와 가치 설명
- **자주 쓰는 양식과 자주 묻는 질문**FAQ: 새로 입사한 사람들이 자주 쓰는 양식과 자주 묻는 질문과 답변

이 기간에는 주로 신규 인력이 잘 적응하도록 인사팀 주관으로 오리엔테이션이 진행된다. 다음은 일부 기업에서 핸드북을 사용하는 방식이다.

- **구글**Google**:** 구글은 다양한 주제별 핸드북을 제공해 새로운 직원들

이 회사 문화, 업무 절차, 의사소통 방법 등을 이해할 수 있도록 돕는다.

- **넷플릭스**Netflix: "창의적이고 혁신적인 일을 한다"라는 넷플릭스의 "컬처 가이드"는 회사의 가치관과 문화를 설명하며, 사내에서 어떻게 협력하고 창의적으로 일할 수 있는지를 보여준다.

- **켈로그**Kellogg: 켈로그는 직원 정책과 절차에 대한 가이드를 핸드북 형태로 제공하며, 새로운 직원들이 소개된 정책에 따라 행동하고 준수하기를 안내한다.

핸드북은 신규 입사자나 기존 직원들에게 중요한 정보를 제공하는 도구로, 조직의 성과와 문화를 형성하는 데 큰 영향을 미친다. 핸드북의 내용을 이해함으로써 신규 입사자는 자신의 권리와 책임을 더 잘 이해하게 되고 회사의 정책과 절차를 따르게 된다. 핸드북은 신규 직원 입사 첫날 책상 위에서 웰컴키트와 함께 주거나 오리엔테이션을 진행할 때 전달해도 좋다.

낯선 환경에서 사회생활을 하다 보면 모르는 게 한둘이 아닌데 그때마다 주위 사람들이나 인사팀에게 물어보기 불편할 수 있다. 직원 안내서가 있으면 이러한 점이 한결 수월하다. 취업규칙은 근로자가 취업상 준수해야 할 규율과 근로조건에 관한 구체적인 사항을 정한 규칙이다. 사업장에 비치되어 있거나 사내 인트라넷에서 검색할 수 있으니 반드시 읽어보자. 제 규정과 지침 및 매뉴얼은 인사팀에서 일일이 다 설명하지 못하니 현업에서 틈나는 대로 관련 규정을 찾아보고 업무에 활용하는 것이 필요하다. 경력직으로 채용된 간부도 새로 입사한 회사의 관련 규정이 어떤 내용으로 구성되어 있는지 모르는 경우가 있다. 시간을 내서 읽어보지 않으면 경영진 회의에서 의사결정을 할 때 곤란한 일이 생기거나 때마다 인사책임자에게 물어보는 일이 생기곤 한다.

한 미국 컨설팅 자료에 의하면 동급 최고의$_{Best-in-class}$ 기업들은 온보딩을 표준화하고 집중화한다고 한다. 표준화된 매뉴얼이 있으면 프로세스를 이해하고 필요한 내용만 전달하기가 쉽다. 집중화란 온보딩 관리를 전담 인력이 맡아서 하는 것을 말한다. 그래서 필요한 사항을 수시로 확인하고 피드백한다. 회사에 따라 규정이 너무 많다면 통합해서 단순화할 필요가 있다.

규정을 단순화하는 것과 규정 자체를 갖추지 않는 것은 다른 문제이므로, 국제 표준을 관장하는 ISO 인증서를 받으려면 관련 규정을 갖춰야 한다는 점을 명심하자.

신입사원과 기존 사원 간의 멘토링 및 네트워크 형성하기

멘토링, 버디 또는 카운슬러 제도, 기업의 사회적 책임 CSR Corporate Social Responsibility 및 회사 내에서 사회적인 네트워킹 Social Networking은 신규 입사자와 기존 사원 간의 상호작용과 지원을 통해 조직 내에 긍정적인 관계를 형성한다. 나아가서 지속적인 발전을 도모하는 데 기여한다. 이러한 제도와 사회적 활동은 신규 입사자의 적응과 성장을 지원하며, 기존 사원들도 자기 경험과 지식을 나누는 동시에 발전할 수 있는 기회를 얻게 된다.

새로운 조직에 가면 새로운 인간관계를 맺게 된다. 이 관계 안에서 해야 할 커뮤니케이션 스킬이나 태도 등은 회사 매뉴얼에 없다. 그래서 동료에게 자신이 어떻게 일하고 있으며 피드백 받는 것에 열려 있다는 것을 알게 할 필요가 있다. 우선은 기존

1. 거의 아님 2. 아주 가끔 3. 가끔 4. 자주 5. 항상

이 사람은 나를 신뢰한다.	
이 사람은 내게 속마음을 털어놓는다.	
이 사람은 나의 언행이 일치한다고 생각한다.	
이 사람은 내가 긍정적인 사람이라고 생각한다.	
이 사람은 내가 진실을 말한다고 생각한다.	
이 사람은 내가 모든 사람을 공정하게 대한다고 생각한다.	

관계 구축을 잘하는 사람은 어떤 행동을 구현할까?
- 대내외 인사들과 긍정적인 관계를 유지하고 원활한 커뮤니케이션을 유도한다.
- 현재나 미래에 큰 영향을 미칠 수 있는 사람 또는 조직과의 관계 채널을 지속해서 개발한다.
- 조직 안팎에서 평소 대인관계가 두루 원만하다.
- 조직 내 관계에서 공식적 업무 관계뿐 아니라 업무 이외에도 관심을 가지고 네트워크를 형성한다.
- 여러 부서의 직원들과 친밀한 관계를 유지한다.
- 낯선 사람이라도 일상적 대화를 주고받으며 부드럽게 관계를 형성해 나간다.
- 업무상의 의사결정 라인을 정확하게 파악하고 있다.

관계 구축을 잘 못 하는 사람은?
- 다양한 사람들과 쉽게 관계 맺지 못한다.
- 모든 관계가 지나치게 업무 중심적이고 항상 긴장해 있다.
- 다른 사람들의 마음을 읽지 못한다. 동료들이 필요로 하는 것을 모른다.
- 다른 사람들에 대해 자신감이 없거나 소심하다.
- 협상을 위해 열린 자세가 부족하다.
- 팀원과 정보를 공유하지 않는다.
- 서로 간의 규율, 행동양식을 이해는 하지만 존중하지 않는다.

표6 · **관계 진단**(예시)

직원들이 하는 말을 충분히 경청한다. 만약 경력직원이라면 꼭 필요한 경우 아니면 지난 직장에서 일한 것을 비교해서 언급하지 않도록 조심해야 한다.

조직에는 다양한 사람들이 모여 있다 보니 인간관계 역시 다양하게 경험하게 된다. 업무 목표 달성을 위해, 조직 내외의 다양한 이해관계자와 협조적인 관계를 형성하며, 긍정적인 효과를 발휘하는 것을 관계 구축이라고 하는데 다른 사람이 나를 어떻게 평가할지 간단하게 진단할 수 있다.

관계 구축을 잘 못하는 사람들은 다양한 대인관계에서 무엇을 어떻게 해야 할지를 모른다. 따라서 인간관계에서 기본 원칙을 두는 것이 중요한데 타인의 단점보다는 장점을 보도록 하고 상대방을 인정하는 태도로 대하는 것이다. 긍정적 피드백은 마음을 여는 열쇠가 된다. 타인에게 거부감을 주는 개인행동은 대인관계에 장애가 될 수 있으니 조심하도록 한다.

우리나라에서는 대부분 일보다는 관계 중심으로 사회생활을 한다. 그래서 관계가 좋지 않으면 비협조적인 태도 때문에 일이 원활하게 되지 않기도 한다. 고대 그리스에서는 타인과 인사할 때 상대방의 이름을 부르는 것을 중요하게 여겼다. 지금도 별반 다르지 않다. 전화번호부나 인명록에 나와 있는 직원들의 이름을 빠른 시일 내에 외워서 인사할 때 부르는 것은 상대방에게 호감을 얻는 좋은 방법이 된다.

회사 내 공식적인 지원제도로 멘토링Mentoring과 버디Buddy가 있다. 멘토링은 통상 정해진 기간과 시간에 이루어진다. 물론 직장 상사의 영역을 침범하지 않는 범위 내에서 이루어진다. 멘토를 받는 사원Mentee이 스스로 주관을 갖고 장래의 관리자로 성장할 수 있도록 지원하는 멘토링을 통해 멘토도 리더로서 더욱 성장하게 된다. 멘토링은 일일이 가르쳐주거나 모든 질문에 답하는 게 아니라 경험과 지혜를 기반으로 조언하고, 성장할 수 있도록 도와주는 것이다. 회사에 멘토링 제도가 없다면 멘토 역할을 해줄 수 있는 선배를 찾아보기 바란다. 여의찮으면 조직 내 버디 제도를 활용해 보자. 버디는 내가 믿고 속마음을 이야기할 수 있는 동료를 말한다.

신규 입사자들은 자기 능력이 부족하게 보일까 봐 직속 상사에게 도움을 청하지 못하기도 한다. 이럴 때 멘토가 있는 것이 효과적이다. 실례로 SABIC Saudi Basic Industries Corporation 코리아 예전 GE Plastics 에서는 신규 입사자에게 업무 멘토뿐만 아니라 그들이 조직문화에 잘 적응할 수 있도록 3개월 동안 컬쳐 멘토 Culture Mentor를 지원하기도 한다. 직장 상사에게 말 못 할 고충도 멘토를 통해 허심탄회하게 털어놓고 조언받을 수 있기 때문에 새로운 조직에 적응하는 데 멘토가 있고 없고는 중요하다.

멘토가 많을수록 좋지만, 멘토에게 너무 지나친 기대는 하지 말고 한두 가지만이라도 내가 배울 점이 있다는 것에 만족하자. 실제로 성공한 CEO 멘토 덕에 경력관리를 잘해서 일찍이 대표 자리를 맡은 경우를 본 적이 있다. 멘토 없이 홀로 성공하기란 수많은 시행착오를 겪기 때문에 녹록지 않다.

주요 데이터 및 업무 관련 용어 숙지하기

신입사원들은 업무 환경에서 자주 사용되는 중요한 데이터와 용어들을 이해하고 사용하는 능력을 키워야 업무에 능숙하게 대응할 수 있다. 많은 기업이 디지털 트랜스포메이션Digital Transformation을 전략의 한 축으로 삼는다. 새로운 기술 및 작업 방식이 수반되어야 경쟁우위를 확보할 수 있기 때문이다.

데이터를 기반으로 미래를 예측하고, 경영상의 판단도 하므로 데이터는 매우 중요하다. 소비자 분석에 대한 조사 데이터가 없으면 효과적인 마케팅 전략을 수립하기가 어려운 것과 같다. 업무 처리 과정이란 어딘가에 흩어져 있는 수많은 데이터와 정보가 의사결정 하는 데 적절하게 활용될 수 있도록 정리하는 일을 의미한다. 수많은 회의를 하는 것도 다 이러한 정보와 데이터 처리 과정이다. 이럴 때 업무 관련 용어를 익히는 것은 회의 참석 때 이해도를 높여준다. 그래서 회사에서는 용어집을 준비해서 구성원들이 학습할 수 있도록 제공한다.

업무 관련 지식수준을 향상하기 위해서는 관련 서적을 정독해 필요한 지식을 축적하는 것이 필요하다. 또 하나의 방법은 부서의 직무 전문가SME, Subject Matter Expert의 업무 처리 방식을 잘 관찰하고 이해하는 것이다. 한 부서에서 충분히 경력을 쌓고 고성과를 내고 있으면 직무 전문가로 볼 수 있다. 일을 잘하는 사람에게 자꾸 일이 가중되기 때문에 SME들은 바쁘다. 이때는 양해를 구하고 SME일을 지원하면서 옆에서 업무 수행을 잘 관찰하는 것도 도움이 된다. 제일 좋은 방법은 SME와 프로젝트를 같이 하는 것이다.

업무와 직접적으로 관련 있지 않더라도 알아야 할 지식을 열거해 보자. 스티브 잡스가 신제품 개발 디자이너에게 인문학을 공부할 것을 강조한 사례는 시사하는 바가 있다. 틈틈이 생각을 정리하는 방법을 익히고, 창의성과 관련된 서적을 학습하는 것이다. 조직의 많은 이슈는 문제 해결의 연속이다. 어떤 이슈가 인식되면 관련 자료를 수집하고, 데이터를 조직화해 정보로 활용하고, 의미Meaning를 생성한다. 문제를 기존방식으로 접근하면 해결이 안 된다. 창의적인 아이디어로 접근하려면 평소에 많은 경험을 하고 현상에 대한 다양한 관점을 키워야 한다.

피카소는 기존 회화가 하나의 시점으로 표현한 원근법을 타파했다. 사물을 여러 각도로 바라보고 다시점多視點으로 해석했다. 그런 관점으로 3차원 입체를 2차원의 평면 캔버스에 표현한 것이다. 당시에는 생각지도 못한 혁신적인 이 방법을 입체파

라는 큐비즘Cubism 장르라 부른다. 피카소는 우리가 사는 사회에서 끊임없이 강조하는 혁신을 실천한 것이다. 오늘날에는 혁신을 넘어 기술과 인문학의 융합Conversion을 강조한다. 다른 것이 녹아서 서로 구별이 없게 하나로 합친다는 뜻의 융합은 경계를 넘어서는 것이다.

무엇인가를 변경하기 위해서는 먼저 자신의 업무, 현재 업무 수행 방법과 자기 능력을 잘 알아야 한다. 우리가 흔히 이야기하는 마인드맵Mind Map을 그려 보자. 업무를 전체적으로 시각화하고 키워드 중심으로 정리하다 보면 프로세스도 개선된다. 디지털 환경에서는 최신 트렌드와 관련된 서적을 끊임없이 읽고, 읽은 책을 A4 2페이지 이내로 정리하는 습관을 지녀볼 것을 추천한다. 핵심을 이해하는 능력과 맥락을 파악하는 것은 꾸준한 학습과 노력의 결과이기 때문이다.

2장

2단계
구체화하기

조직문화를 이해하기

자신이 속한 기업의 문화 및 정서 파악하기

이제 조직 내부로 들어가 보자. 조직 내에서 업무 수행과 협업을 원활하게 진행하기 위해서는 해당 조직의 문화와 정서를 파악해야 한다. 조직문화란 쉽게 말하면 건축물의 기둥을 받쳐주는 주춧돌과 같다. 주춧돌이 부실하면 건물이 한순간에 무너질 수 있는 이치와 같다. 미국 직장인 3,010명을 대상으로 링크드인이 실시한 조사 결과에 따르면, 응답자의 70%는 '조직 문화가 나쁘면' 아무리 잘나가는 기업이라도 입사하지 않겠다고 답했다. 이는 '임금을 더 낮춰서 입사해야 한다면(65%)' 보다 더 높은 수치다. 의외로 사람들이 금전적인 보상보다 문화를 더 중요하게 여기는 것을 알 수 있다.[8]

조직문화를 파악하기 위해선 다음과 같은 노력이 필요하다. 첫째, 기업의 가치관과 목표를 파악하기 위해 우선 회사의 홈페이지, 회사 소개 자료, 비전 및 미션 문서를 살펴보는 것이다. 이들은 조직의 문화와 방향성을 반영하는 중요한 정보이기 때문이다. 둘째, 회사 내부의 커뮤니케이션 채널(이메일, 사내 메신저)을 활용해 직원들의 의견이나 업무 문화를 파악하도록 한다. 셋째, 직원들과 기탄없이 대화하면서 이들의 의견과 감정을 듣고 어떤 문화적 특징이나 동향이 있는지 알아본다. 넷째, 회사의 행사나 모임에 참여해 직원들과 상호 작용하면서 정보를 공유하는 기회를 만든다. 다섯째, 상사나 동료들의 행동과 의사소통 방식을 파악하도록 한다. 어떤 행동이 장려되고 어떤 태도가 중요하게 여겨지는지를 분석하는 것이다.

조직의 문화를 파악하는 데 쉽게 접하는 일이 회의 문화다. 신규 입사자의 경우 직속 상사의 지시로 회의에 대한 메일을 보낼 때 아래 기준을 생각하고 보내는 것이 도움이 된다.

---

8 출처: 니나 맥퀸, 링크드인 블로그 인용

① 회의 목적은 무엇인가?
② 반드시 회의에 참석해야 할 대상자는?
③ 협의 사항을 미리 알려주는가?
④ 참석자들에게 회의 목적을 미리 알리고 세부 항목에 필요한 준비물을 적어 놓았는지?
⑤ 해결책을 모색하기 전에 이슈나 문제점을 명확히 한다.
⑥ 사람이 아닌 핵심 사안에 집중한다.
⑦ 의사결정 된 사항을 확인하고 실행할 날짜를 정한다.

자신이 속한 기업의 문화와 및 정서에 관심을 둬야 하는 이유는 이를 기반으로 조직 내에서 내 역할을 이해하고 제대로 연착륙Soft landing하기 위해서다. 온보딩 기간은 조직문화 적합성 Culture fit을 파악하는 시기이므로 이를 잘 살펴봐야 한다. 우리가 해외여행을 하다 보면 문화 차이를 느끼게 되는데 이 차이를 다르다고 하지 틀리다고 판단하지 않는다. 마찬가지로 신규 입사자는 자신이 속한 조직문화가 내가 이전에 속한 곳과 무엇이 다른지 파악하고 수용하려는 태도를 보여야 한다. "사람의 마음은 낙하산과 같다. 열려 있을 때만 작동한다"라고 강조했던 네

슬레 코리아의 캐치프레이즈처럼 마음이 열려야 새로운 문화를 흡수할 수 있다. 문화를 변화시키는 것은 시간이 소요되는 과정이다. 그런데도 기업은 문화를 변화시키려고 애쓰는데 이는 문화가 결과를 끌어낸다고 믿기 때문이다. "시간이 지남에 따라 조직문화가 결과를 주도한다Over time, Culture drives results"라는 켈로그의 조직문화처럼 각 기업도 자신들만의 조직문화를 내재화하려고 노력할 필요가 있다.

자신이 속한 조직의 핵심 인력 파악하기

일반적으로 인사팀은 인적자원 역량 점검PCR, People Capability Review을 통해 조직구성원들의 역량, 성과, 발전 가능성 등을 평가하고 인재 파이프라인을 관리한다. 주로 인사책임자 및 현업 책임자가 최고경영진과 함께 인적자원 역량에 대해 정기적으로 협의하는데 분석하고 논의한다. 조직과 인적자원을 점검하는 것은 매우 중요한 절차다. 이 프로세스의 목적은 다음과 같다.

- 연례 비즈니스 계획을 점검한다.
- 조직 내의 인재를 파악한다.
- 주요 보직에 대한 후계자 계획을 점검한다.
- 핵심 포지션 임직원에 대한 이슈를 논의하고 실행계획을 수립한다.

인적자원 관리는 조직구성원들에 대한 역량의 갭$_{Gap}$을 파악해 미래를 준비하는 데 꽤 중요하다. 세계적인 경영학자인 피터 드러커는 "미래를 예측하는 가장 좋은 방법은 미래를 창조하는 것"이라는 명언을 남겼다. 미래 예측이 구체적인 행동으로 실행되어야 의미가 있다고 강조한 것이다. 그래서 다국적 기업에서는 PCR 세션 후에 계획이 어떻게 실행되고 있는지 철저히 점검한다.

핵심 인력을 파악하는 방법으로는 우선 조직의 인사 데이터를 분석해 인력 구성과 이직률, 승진율, 퇴직률 등을 살펴보는 것이다. 이를 통해 어떤 부서나 직무에서 인력의 변화가 어떻게 일어나고 있는지를 확인할 수 있다. 특히 채용 후 3년 이내 퇴직률을 보면 이슈가 더 명확해진다. 다음으로 주목할 만한 직원들과 면담을 통해 어떤 이슈들이 있는지 의견을 수렴하거나 조직 내에서 설문 조사를 실시해 직원들의 요구 사항을 파악할 수 있다. 이외에도 인사팀에서는 퇴사자 인터뷰를 하는 등 다양하게 인적자원에 대해 진단해 볼 수가 있다.

미국의 한 컨설팅 조사기관에서 시행한 2015년도 퇴직자 조사에 따르면 가장 주요 이직 사유는 더 나은 직무로의 이동이고 다음으로는 직장 경험에 대한 불만족이다. 결국 조직은 직원들이 성장할 수 있도록 어떻게 관리할 것인지를 고민해야 한다. 또한 이직률을 줄이기 위해서 유연근무제, 일과 직장의 균형 및 관리자의 리더십 개발 등 근무 여건 개선을 위해 노력할 필요가 있다.

특히 코로나19 팬데믹을 겪은 환경에서 다양한 근무환경을 경험한 직원들은 이제 더 이상 매일 지정된 사무실로 출근하는 과거의 패턴에 대해 만족하지 않는다. 그래서 직장과 재택 또는 제3의 거점 지역에서 병행 근무하는 하이브리드Hybrid 형태의 근무를 선호하고, 많은 기업 역시 이를 시행 중이다. 이제는 재택근무라는 근무 방식에서 효율성과 생산성을 어떻게 유지할 것인지를 설명해야 할 때이다.

만일 조직 내 일 잘하는 인재들이 자주 퇴사한다면 조직의 미래는 빨간 등이 켜진 셈이다. 이때 신규 입사자는 상사와의 미팅이나 멘토나 선배와의 네트워크를 통해 자신이 속한 조직의 문제점이 무엇인지 파악할 수 있다. 인사팀에서는 조직 내 어떤 갈등이 있는지, 왜 직원들이 몰입하지 못하고 상사에 대해 불만족한지 알 필요가 있다.

조직만 벤치마킹하는 것이 아니라 개인도 벤치마킹할 필요가 있다. 보통 저성과자들은 본인들이 왜 저성과자인지 인정하지 않는다. 회사의 평가제도가 문제고, 공정하지 못한 상사가 문제라고 한다. 절대 자신의 문제로 인식하지 않는다. 물론 하나의 조직에서 저성과자라고 해서 다른 조직에서도 저성과자라고 할 수는 없다. 하지만 일하는 방식이 문제라면 다른 곳에서도 일을 못 할 개연성이 높다. 저성과자들은 일 잘하는 사람의 행동을 꾸준히 따라 연습해 볼 필요가 있다. 마치 자기체형에 맞는 골프의 좋은 스윙 자세를 따라 열심히 연습하는 것과 같다. 이러한 노력으로 평범한 B급 직원이 고성과자인 A급 직원으로 되는 것이다. 사람은 스스로 내 행동이 올바른 것인지 성찰할 때 발전하게 된다. 조직에서 자신이 사람들에게 어떤 모습으로 비치는지 스스로 자문해 보자.

자신이 속한 조직의 비즈니스 이슈 파악하기

신규 입사자는 자기가 속한 부서의 비즈니스 이슈를 파악하는 것이 핵심이다. 전사적인 어젠다를 파악할 수 있는 좋은 기회가 경영설명회나 비전 워크숍이다. 일반적으로 대표이사가 전사 우선순위 과제를 제시한다. 아울러 부서장이 해당 부서의 비즈니스 이슈와 추진해야 할 우선순위 과제를 제시한다.

비즈니스 상황은 밝은 면High lights과 그렇지 못한 면Low lights이 있다. 예를 들어, 전년 대비 영업이익이 5% 성장했다면 밝은 면으로 볼 수 있다. 반면 환율상승과 경기침체 같은 부분은 외부 환경요인으로 직원이 통제할 수 없는 부분이다. 따라서 조직이 직면한 문제, 도전 과제 및 기회를 평가하기 위해 아래와 같이 다른 관점에서 생각해야 한다.

- 증상이 아닌 핵심 문제에 집중
- 입력되는 데이터의 정확성을 판단
- 유사한 이슈들과 의미를 해결하기 위한 이전의 노력을 검토

그럼, 경영전략은 왜 알아야 할까? 경영전략은 기업의 비전과 목표를 달성하기 위한 방향성을 제시하며, 주요 직원들은 이를 기반으로 세부 실행 과제를 설정하고, 이를 효과적으로 이행하기 위해 협업한다. 협업은 효율적인 업무 수행과 팀의 성과 향상을 위해 중요한 요소다. 경영전략을 알면 팀 내 주요 사업 계획 및 예산을 편성하는 데 효과적이다. 이 과정에서 직무 성과 책임R&R에 따른 무엇을(경영 계획), 어떻게(예산 편성 기준) 집행할 것인지가 정리된다. 사이먼 사이넥Simon Sinek이 말한 "나는 이 일을 왜 하는가Find your why?"를 스스로 되물어보자. 단순히 회사에 구비된 직무기술서가 아닌 그 일을 해야 하는 이유를 안다면 업무의 명확한 분담은 물론 성과 달성은 훨씬 높아질 것이다. 온보딩 하는 직원이 팀 내에서 이러한 내용을 파악하면 자신의 업무를 수립하는 데 매우 도움이 된다.

임원급 서치 및 리더십 컨설턴트 협회AESC, Association of

Executive Search and Leadership Consultants 자료 「임원급 인재Executive Talent 2025」에 따르면 2025년까지 기업이 직면한 주요 비즈니스 이슈들은 다음과 같다.[9]

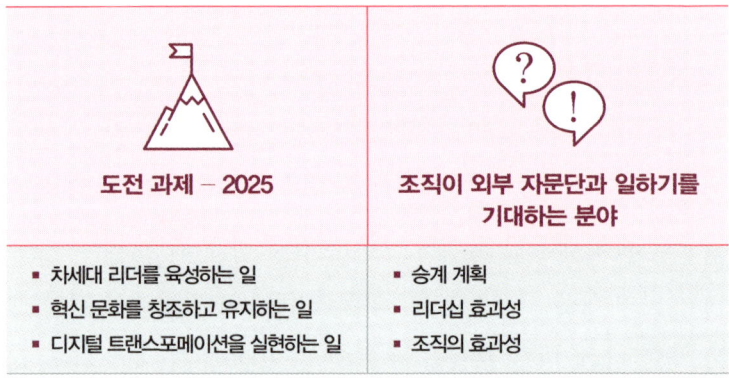

표1 · 2025까지 기업이 직면한 주요 비즈니스 이슈

따라서 4차 산업혁명 시대에 기업의 비전이 무엇이고 어떻게 대처해야 하는지는 매우 중요하고 시급하다. 어느 글로벌 기업의 경우 아래와 같은 이슈를 매년 점검한다.

---

[9] 임원급 서치 및 리더십 컨설턴트 협회(AESC, Association of Executive Search and Leadership Consultants) 자료 「임원급 인재(Executive Talent) 2025」, p 4 에서 인용

비즈니스 도전과제	인적자원 도전과제	실행 계획
비즈니스 전략에 따라 가장 우선시 되는 3가지 비즈니스 도전 과제는 무엇인가?	비즈니스 전략을 수행하기 위해 어려움이 예견되는 인적자원 역량 관점에서 도전과제는 무엇인지?	이 문제를 해결하기 위한 실행 계획은? 어떤 장애나 리스크가 예견되는지?

표2 · 비즈니스/인적자원 도전 과제

조직이 직면한 문제와 도전과 기회의 예는 다양하다. 기업마다 여건이 다를 수는 있지만 다음과 같은 도전 과제를 생각해 볼 수 있다.

① **기술 혁신**: 새로운 기술이나 기술적 발전으로 인해 기존 비즈니스 모델이 더 이상 효율적이지 않게 되는 경우가 있다. 이 경우 조직은 새로운 기술을 도입하여 비즈니스 모델을 개선하고 경쟁우위를 유지할 수 있다. 범용Commodity 제품에서 부가가치가 높은 스페셜티Specialty 제품으로 제품의 포트폴리오Portfolio를 다양하게 변화시켜 나간다.

② **시장과 고객 변화:** 새로운 경쟁 업체의 진입, 소비자 행동의 변화, 법률 제도 변화 등으로 인해 시장이 변화하는 경우가 있다. 이 경우 조직은 시장과 고객 변화에 적응하기 위한 다양한 변화를 끌어내는 전략을 수립해야 한다.

③ **인력 관리:** 인력 채용, 평가 보상, 인사 조직 등의 인적자원 관리 문제가 조직의 성장과 발전에 영향을 미칠 수 있다. 이 경우 조직은 적절한 인력 관리 전략을 수립하여 인력을 유인Attract하고, 유지Retain 할 수 있어야 한다. 아울러, 다양한 인센티브 제도가 필요하다.

④ **금융 위기:** 경제적 위기나 금융 위기로 인해 조직이 어려움을 겪는 경우가 있다. 이 경우 조직은 적극적인 금융 전략과 위기 대응 계획을 수립하여 위기를 극복하고 조직의 안정성을 유지해야 한다. 전사적인 위험 평가risk assessment 수준을 진단하고 적극적인 대처가 필요로 한다.

⑤ **안전, 품질 및 환경 문제:** 안전 기준, 기후 변화나 환경 문제로 인해 조직이 사회적 책임을 다해야 하는 경우가 있다. 이 경우 조직은 안전, 품질과 환경 문제를 고려한 비즈니스 전략을 수립하고 지속 가

능한 경영을 추구해야 한다. 전사적인 안전 진단과 개선 노력, 품질 수준 준수, 대기 및 수질 기준 준수, 탄소배출권 이슈 등을 적극적으로 관리해 나간다.

자신이 속한 조직의 비즈니스 이슈를 파악하는 것은 여러 경우의 수로 일어날 수 있는 문제를 예방하며, 조직의 성공과 발전을 위해 전략적인 의사결정을 내리는 데 도움이 되기 때문이다. 그래서 어느 외국인 투자 기업에서는 CEO가 직접 직원들이 조직의 비즈니스를 깨달을 수 있도록 세미나를 열기도 한다.

자신이 속한 조직의 비즈니스 이슈를 파악하기 위해서는 다음과 같은 다양한 측면을 조사하고 분석해야 한다. 첫째, 조직의 재무 보고서를 분석해 매출, 이익, 비용 구조, 재무 건전성 등을 살펴본다. 재무 건전성 지표를 통해 조직의 금융 건강 상태와 이익구조를 파악할 수 있다. 둘째, 조직이 속한 시장과 경쟁사를 분석해 시장 동향, 경쟁 구도, 경쟁사의 전략 등을 파악한다. 이를 통해 조직이 직면한 경쟁과 변화를 이해할 수 있다. 셋째, 조직의 제품이나 서비스를 이용하는 고객이나 소비자의 의견을 조사하고 분석한다. 이를 통해 고객의 니즈와 만족도, 문제점을 파악하고 제품 또는 서비스의 개선 방향을 찾을 수 있다. 넷째, SWOT 분석으로 조직의 강점Strength, 약점Weakness, 기회Opportunity, 위험Thread을 분석해 조직 내부 및 외부의 상황을 파악한다. 이를 통해 비즈니스 이슈와 관련된 전략을 도출할 수 있다. 다섯째, 조직 내부의 프로세스와 운영 방식을 분석해 효율성과 개선 가능성을 평가한다. 이를 통해 업무 프로세스 최적화와 자원 활용을 개선할 수 있다. 여섯째. 관련 산업의 새로운 기술 동향과 트렌드를 연구하고 분석한다. 이를 통해 혁신적인 아이디어나 비즈니스 기회를 찾을 수 있다. 마지막으로 조직의 시설, 장비, 기술적 인프라 등을 평가해 운영상의 문제나 개선 가능성을 확인한다. 이러한 방법들을 통해 조직의 비즈니스 이슈를 정확히 파악하고, 그에 따른 전략을 수립한다.

직무와 역량 이해하기

자기 직무 파악하기

신입사원은 직무수행에 필요한 실무경험과 기술을 개발하기 위해 일상 업무에서 하는 직장 내 훈련On-the-job Training을 받는다. 아울러 자기 직무에 대한 핵심성과지표KPI, Key Performance Indicators를 통해 역할과 책임을 이해하게 된다. 이를 통해 업무에서 핵심이 되는 요인이 무엇인지 파악하고, 성과를 향상하기 위해 지식이나 리더십 등 필요한 역량을 개발하고 개인적인 역량을 강화할 수 있다.

KPI란 조직이나 개인의 성과를 판단하는 척도로, 궁극적으로는 구성원들의 동기를 부여하는 데 의미가 있다. KPI는 직무기술서상의 주요 직무와 개인 목표관리MBO, Management by Objectives를 종합적으로 판단한다. 조직 규모가 큰 대기업이나 공조직 같은 곳에서는 경영관리팀에서 회사 전체 부서의 KPI를 관리하기도 한다. 최근 일부 기업에서는 목표를 수립한 뒤 변동성 있는 환경에 따라 유동성 있게 중간중간 성과를 추적하는 방식의 목표 및 핵심 결과지표인 OKRObjectives and Key Results을 시행하는 추세다. MBO/KPI는 당해 연도 목표 설정에 포커스를 맞추지만, OKR은 달성하기 어렵지만 진짜 얻고 싶은 성과 결과에 포커스를 맞춘다. 그래서 OKR은 장기적인 목표를 위주로 설정할 때 더 효과적이다. 가령 구글 회사처럼 OKR 목표로 5개를 작성한다면 3개는 성과물로 전달할 수 있는 것이고 2개는 꿈Dream같은 목표로 설정하는 것이다.

직무를 파악하는 것은 스스로 조직에서 성장하기 위해 중요하다. 만약 자신의 직무가 명확하지 않다면 다음과 같이 직속 상사나 선배에게 물어보는 것이 좋다.

- 해야 할 역할과 책임은 무엇인지
- 내게 기대하는 것이 무엇이고 그 직무를 수행하기 위해 꼭 학습해야 하는 것이 무엇인지
- 상사에게 승인받고 해야 하는 부분은 무엇인지
- 상사의 승인 없이 할 수 있는 부분은 무엇인지

이렇게 해야 일의 의미를 찾고, 주도적으로 일할 수 있다. 경험상 이런 경우에 성과도 좋다. 만약 신규 입사자가 느끼기에 직무가 맞지 않거나 주어진 역할에 갈등을 느끼거나 아니면 역할이 모호하거나 과부하가 걸린다면 결국 성과를 이루는 데 문제가 생길 수밖에 없다. 직무 불일치Job Mismatch가 생기는 원인은 다음과 같다.

- 직원이 보유하고 있지 않은 스킬이나 능력을 요구한다.
- 직원이 기술이나 능력을 충분히 활용할 수 있는 기회를 제공하지 않는다.
- 회사의 기대감과 직원의 기대감에 갈등이 생겨 충돌한다.

다음의 질문을 통해 자신에게 직무가 잘 맞는지 스스로 판

단해 보자.

- 직무수행에 열정을 나타내고 있는가?
- 내가 생각하는 가치와 회사의 조직문화 가치가 잘 부합하는가?
- 내가 현재 하는 일이 장기적인 커리어 목표와 잘 맞는가?
- 직장생활에 만족하는가?

직종에 따라 다르지만, 신규 입사자에게 일상 업무에서 하는 직장 내 훈련OJT, on-the-job training은 필수다. 특히 현장을 관리하는 처지라면 더욱 그렇다. 공장에 근무하는 시니어 엔지니어에게 공정을 다 숙지하려면 어느 정도 시간이 걸리는지 물은 적이 있다. 그는 개인의 차이가 있겠지만 최소 1년 이상 걸린다고 답했다. 엔지니어들은 공정 개선을 하거나 작업지시를 해야 하므로 생산 현장에서 많은 시간을 보내게 된다. 생산직 선임 사원은 엔지니어가 새로 오면 얼마나 공정 지식과 스킬이 있는지 판단하게 된다. 엔지니어는 이른 시일 내에 공정을 파악해야 한다. 그렇지 않으면 생산직 선임 사원이 그의 지시사항을 따르지 않거나 반발할 수도 있기 때문이다. 엔지니어가 현장에서 시간을 많이 보내지 않고 서류 업무에만 매달리면 점점 생산직 선임 사원을 통솔하기가 어려워진다. 공정 현장에서 시간을 보내는 것이 다소 힘들 수 있지만 그것이 이른 시일 내에 현장을 장악할 수 있는 길이다.

영업직 신규 입사자의 현장실습은 고객 방문이 중요하다. B2C$_{\text{Business to Consumer}}$(회사 대 소비자) 조직이냐 B2B$_{\text{Business to Business}}$(회사 대 회사) 조직이냐에 따라 대응 방식에 차이가 있다. B2C 조직에서 신규 영업사원은 영업 설명서에 나와 있는 A부터 Z까지 다 경험하는 것이 중요하다. 경력직원으로 주요 거래처$_{\text{Key Account}}$를 맡았을 때 경우가 다르다. 거래처 방문하기 전에 충분히 영업 지원부서에서 사전 교육을 받는다. 주로 제품과 거래처의 특성, 시장 상황에 대한 비즈니스 자료와 전략을 숙지하게 된다. 영업활동을 잘하기 위해서는 브랜드 마케팅 교육이 필수다. B2B 조직의 경우 영업사원이 조직을 대표해서 거래처를 관리하는 성격이 강하기 때문에 거래처 방문 전 사전 교육을 충분히 해야 한다. 영업 부서장은 신규 영업사원이 거래처 방문 전에 판매 설명$_{\text{Sales talk}}$에 필요한 숙련된 교육을 학습했는지 점검하도록 한다. 물론 어떤 조직인지를 떠나 신규 영업사원에게 마케팅 커뮤니케이션 교육은 당연히 숙지해야 할 과정이다.

B2B 영업일 때 고객을 알고, 시장을 알면 비즈니스 계획이 가능하다. 특히 고객과의 협상과 커뮤니케이션 스킬이 중요하다. 고객사에 필요한 중간재 원료를 원활하게 공급하는 것이 최우선 과제다. 당연히 판매예측Sales Forecast을 통해 품질 검수 된 제품을 안전하게 고객사에서 전달하는 것이 중요한 일이다. 원료가격의 인상 시 적정 제품 가격을 고객사와 협의하는 능력 또한 영업 관리자에게 중요한 능력이다. B2C 기업의 경우 고객과 소비자를 알아야 하므로 시장 조사를 포함한 마케팅 분석이 더 필요하다. 동시에 제품 브랜드별로 전략과 계획을 수립해야 한다. 경쟁사 분석과 아울러 어떻게 소비자에게 브랜드의 장점 Selling Point을 알릴 것인지 노력해야 한다. 영업은 마케팅과 협력해 다양한 판매 프로모션Sales Promotion을 시행한다.

　공급망 관리SCM, Supply Chain Management 신규 입사자의 경우, 공급망 프로세스와 IT 시스템 및 재고 관리를 포함한 물류 시스템 등에 집중해야 한다. 생산과 영업 사이에서 원활한 공급망 역할을 해야 하기 때문이다. 아웃소싱을 비롯한 공급자Supplier를 상대하기 때문에 협상 능력과 통제력Negotiation Capability and Control도 요구된다. 원료 수급에 대한 재무적 지표들도 중요한 성과지표로 관리된다. 유능한 SCM 매니저는 시스템을 잘 활용하는 역량과 협상력이 중요하다. 그러나 2가지 핵심 역량을 겸비한 전문가를 확보하는 것이 어려운 현실이다.

SCM 책임자로 성장하기 위해서는 3가지 주요 업무 경험이 선호된다. 물류Logistics, 원자재 구매Raw Material Purchasing와 S&OPSales & Operating Plan다. 참고로 어느 외투기업 기업의 SCM의 미션은 운영상의 엑셀런스Operating Excellence를 강조한다. 그 의미는 업무에서 최상의 프로세스와 성과를 달성하는 것이다. 구체적으로는 고객 경험을 중시하고 수익성을 개선한다. 아울러 리스크를 효율적으로 관리하고 경쟁우위를 제공한다. 미션을 알고 업무에 임하면 좀 더 전략과 추진할 과제에 대해 쉽게 이해된다.

재무와 같이 관리업무로 신규 입사하게 되면 공장과 영업지점을 방문하게 된다. 짧은 방문 기간에 개요Overview 정도 듣고 오는 경우가 대부분이다. 따라서 현업부서에 배치되고 나서는 별도로 시간을 내서 공장이나 현장에 자주 나가야 한다. 공장이나 현장 직원들이 가장 많이 하는 불만이 본사에서 현장을 모르고 정책을 만든다는 것이다. 비단 민간기업뿐만 아니라 공조직도 마찬가지다. 정책이 현장에서 잘 작동하는지 시험 가동 Pilot test해 보고 판단해야 한다. 아무리 바빠도 새로운 정책을 입안할 때는 현장의 목소리를 들어야 한다. 그러기 위해서는 현장 방문이 필수다.

내가 경험한 다국적 기업들은 체계적인 평가를 통해 주요 포지션에 적합한 후보자를 판단한다. 해당 직무를 성공적으로 잘할 것 같은지 그렇지 않은지 판단하기 위해서는 앞서 말한 것처럼 직무수행 성과지표를 통해 평가할 수 있다. 경력직이면 평판 조회 Reference Check를 통해 근무 시 문제가 있었는지를 확인한다. 이제는 과거처럼 무작정 '열심히 일 Work Hard'만 하는 것이 아닌 '스마트하게 일 Work Smart'하는 것이 중요하다.

자신과 관련된 핵심 비즈니스 이슈 파악하기

회사 전체의 비즈니스 이슈를 관리하는 것은 경영진 몫이지만 팀의 성공과 개인적인 성장을 위해서는 자신과 관련된 핵심 비즈니스 이슈들을 파악하는 것이 중요하다. 조직의 비즈니스 이슈가 경영전략과 연계된 직원 전체의 전사적인 과제라면, 나와 관련된 핵심 비즈니스 이슈는 내가 조직에 몸담은 이유를 의미하며 이는 내가 일하는 목표와 가치에 연계된다. 이러한 이슈들을 고려해 자신의 비즈니스 전략을 세우고 계획을 수립할 필요가 있다.

일반적으로 팀의 핵심 비즈니스 이슈로는 사업 전략과 추진 과제, 직속 상사와 연계된 목표, 팀의 To-do list, 경영설명회 또는 비전 캠프/프로젝트에서 우선시되는 팀의 어젠다들이다. 이러한 이슈들은 효과적인 팀 운영과 성공적인 비즈니스 발전을 위해 중요한 역할을 하므로 나의 핵심 비즈니스 어젠다에 어떻게 연계시킬 것인가를 고민하면 된다.

자신과 관련된 핵심 비즈니스 이슈를 파악하는 것은 중요한 능력이다. 자신이 속한 조직의 핵심 비즈니스 이슈 가운데 본인에게 영향이 미칠 사항을 점검해 보자. 주로 팀 단위에서 일어나겠지만, 무엇보다도 중요한 것은 앞으로 3년 이내 닥칠 핵심 비즈니스 이슈에 대해 현재 자신이 무엇을 해야만 하는 지와 무엇을 할 수 있는지를 정리하는 것이다.

예를 들어 본사에서 자신이 속한 팀의 기능을 셰어드 서비스 모델Shared Service Model(전통적인 비즈니스 모델의 한계를 극복하기 위해 분산된 조직과 프로세스를 통합하고 전략적으로 자원을 활용하는 방법)을 도입한다면 조직과 직무가 통합되면서 자신이 속한 팀이 재편될 것이다. 또 다른 예로 스페셜티Specialty 제품 중심으로 전략이 세워진다면 기존의 범용Commodity 제품 비즈니스보다 기술 집약적인 상품에 조직과 인력이 보강될 것이다. 이렇게 변동 상황이 생길 때 자신이 할 수 있는 일에 집중하고 해야 할 업무를 정리하는 것이 중요하다. 아울러 수시로 기술 동향과 혁신적인 아이디어를 탐색해 비즈니스에 적용할 수 있는 기회를 찾는 것도 핵심 비즈니스 이슈에 효과적으로 대처하는 방법이 될 것이다.

역량과 성과관리 체계가 구축된 조직에서는 성과 목표를 설정할 때 자신과 관련된 핵심 비즈니스 이슈가 자연히 연계된다. 목표 설정을 할 때 연간 성과 목표 6개를 설정한다면 통상 3개 정도는 팀과 조직의 핵심 비즈니스 이슈를 기반으로 목표를 설정하게 된다. 또한, 조직에서는 a. 성과 목표 달성에 얼마나 기여했는지 b. 직무등급에 따른 역량 행동 지표들을 얼마나 발휘했는지 c. 자신의 직무에 대해 기대되는 바를 얼마나 이행했는지를 같이 고려해서 개인의 역량과 성과를 종합적으로 판단한다.

자신과 관련된 직무 역량과 공통 역량지표 이해하기

온보딩 기간에 자신과 관련된 직무 역량과 기본(공통) 역량 지표를 파악하는 노력은 조직에 적응하는 데 매우 중요한 요소다. 어떻게How 달성할 것인지를 통해 자신이 향후 직무 전문가로 성장할 수 있는 경로를 판단할 수 있다. 예를 들어 영업팀에게 필요한 역량과 행동 지표는 다음과 같다.

고객 중심	정의	잠재고객을 발굴하고 관계를 형성하며, 기존 고객들과 서로 이익이 되는 관계를 유지할 수 있는 능력
	주요 행동 지표	고객관리 목표 및 중요도에 따른 개별 목표 설정 고객 관리와 관련된 문제에 대한 해결책을 수립 고객관리를 명확히 이해하고 업무활동에 적용

표3 · **영업담당자 직무 역량**(예시)

그러나 시간이 지남에 따라 직무 역량의 수준이 달라지기 때문에 아래 예시와 같이 행동 지표를 초보인 루키 단계인 레벨 1부터 마스터 단계인 레벨 4까지 구분해 볼 수 있다. 내 역량이 조직 내 비슷한 등급에 있는 직원들과 비교했을 때 어느 수준에 있는지 객관적으로 분석해 볼 필요가 있다. 직속 상사나 선임에게 자신의 역량에 대해 피드백을 받아 보는 것도 좋은 방법이다.

운동선수도 슬럼프에 빠질 때가 있듯이 일하다 보면 길을 잃거나 좌절할 때가 있다. 중요한 것은 그 덫trap에서 빠져나오는 지혜이다. 조용히 명상할 수 있는 나만의 안식처를 찾아가서 에너지를 충전하고 다시 일상으로 돌아오는 자신만의 루틴을 만들 필요가 있다.

직장생활을 처음 시작하는 신입사원은 레벨1부터 점차 역량 수준을 높여서 개발하도록 한다. 신입사원은 자신에게 어떤 직무가 잘 맞는지 판단하기 어렵다. 그 때문에 과거에는 직무 전환인 순환보직을 통해 신입사원의 직무 배치를 확정하는 경우가 많았다. 하지만 최근에는 직무 중심으로 채용하는 추세이기

전략 수준	발전단계 Development Stages		
직무역량: 성공적인 직무 수행을 위해 필요한 지식과 스킬	직무역량 발전단계		
	레벨4	Master (마스터)	역량에 대한 완벽한 숙지. 이 분야에서 훌륭한 모범이 되며 혹은 다른 구성원들을 이끄는 지도력을 지닌다.
	레벨3	Expert (숙련가)	다양한 상황에서 숙련된 역량을 발휘, 업무를 성공으로 이끄는 행동을 보인다.
	레벨2	Practitioner (실무전문가)	기본적인 역량을 지니며 때로는 성공적인 업무를 위한 행동을 보인다.
	레벨1	Rookie (신입)	역량에 관한 인식과 이해, 그리고 경쟁력을 향상시킬 수 있는 가능성을 보여준다.

표4 · **직무 역량 수준**(예시)

때문에 직무 역량에 맞는 커리어 관리를 장기적으로 해나갈 필요가 있다.

기업에서는 신입사원이 일정 기간 안에 적응하기 전까지는 크게 성과를 낼 것으로 기대하지는 않는다. 많은 중소기업에서는 신입사원을 전담해서 가르칠 사수가 없어서 신입사원의 역할이 업무 보조에 그치는 경우가 있다. 신입사원으로서는 열심히 잘해서 성과를 내고 싶겠지만 신입사원에게 중요한 것은 기본 원칙을 지키는 것이다. 모르는 것은 무작정 하기보다는 수시로 물어봐야 리스크를 줄일 수 있고, 기한을 지켜 일을 처리하고, 일이 진행되는 과정을 중간중간 보고하는 습관을 갖는 것이 중요하다. 신입사원은 주어진 직무를 깊고 충실하게 이해하고, 그다음 단계로 직무를 확장해 나가는 것이 바람직하다.

신입사원에게 공통 역량지표로 주안점을 두는 것은 대체로 그 기업의 인재상에 부합하느냐이다. 조직이 추구하는 핵심 가치와 인재상에 적합한 능력을 보유하는 노력은 공통으로 요구되는 역량 개발과 맥락이 같다. 온보딩 기간 동안 충분히 그 의미를 되새기고 어떻게 행동할지 적용해 본다면 한결 도움이 될 것이다.

성과 관리 체계 구축하기

자신이 속한 조직의 성과관리 시스템과 프로세스 이해하기

 직장인이라면 누구나 조직에서 인정받고 하이퍼포머(고성과자)가 되고 싶을 것이다. 당신은 회사에서 상위 10% 안에 드는 유능한 직원인가? 미 경제주간지 《비즈니스위크》가 대기업과 중소기업 직원들에게 질문한 결과 90%가 긍정적인 답변을 했다고 한다. 실제 많은 기업 HR 부서에서는 일 잘하는 직원의 비율을 10%, 실적이 좋은 부서인 경우에도 20% 수준으로 판단하고 성과관리를 적정 비율로 배분할 것을 안내한다. 그렇다면 결국 많은 사람이 자기가 어떻게 일하고 있는지를 제대로 알지 못한다는 이야기다. 그 결과 평가 결과 피드백 시간에 상하 간에 논쟁이 끊임없이 발생하곤 한다. 그러므로 직속 상사는 평소에 평가와 관련된 관찰 결과를 로그 북log book이나 시스템에 잘 기록하는 것이 논쟁의 차이를 최소화하는 데 유용하다.

시스템적으로 들여다보자. 성과관리는 조직의 효율성과 생산성을 높이는 데 중요한 요소이며, 직원들의 동기부여와 개인 성장에도 긍정적인 영향을 미친다. 따라서 조직은 성과관리 시스템과 프로세스를 지속해서 개선하고 발전시키는 데 주력해야 한다. 회사 내부에 있는 성과평가 프로세스 문서, 성과지표 및 목표 설정에 관한 문서 등을 검토해 성과관리 시스템에 대한 정보를 파악한다. 아울러 다양한 직무 관련자들과 질문을 통해 성과관리 시스템과 프로세스에 대한 이해도와 경험을 파악한다. 이러한 과정을 통해 자신이 속한 구성원들의 목표를 설정하는 방식과 평가 프로세스와 평가 결과 활용 등에 대한 깊이 있는 이해를 한다. 이를 통해 궁극적으로는 일을 잘하는 사람으로 인정받는 자신만의 성과관리 시스템을 내재화하는 것이다.

그러면 신입사원들은 자신이 속한 조직의 성과관리 시스템과 프로세스를 어떻게 파악할까? 대부분 기업에서는 입사 후 시행되는 오리엔테이션 기간에 성과관리 시스템PMS, Performance Management System을 학습한다. 또한, 실제로 조직 내에서 사용되는 성과관리 도구나 소프트웨어를 사용해 보며 시스템의 작동 방식과 기능을 익힌다. 어느 다국적 기업에서 시행되고 프로세스를 살펴보자. 아래 〈표5〉와 같이 비즈니스 계획과 연동된 성과 계획을 수립하게 되고, 그 과정에서 점검과 코칭을 시행한다. 다음 프로세스로 평가를 통해 성과급 지급과 연봉 인상을 받게 되는데, 성과급은 당해 연도 평가 실적 결과를 반영하고 연봉 인상은 평가 등급과 해당 직무의 시장 임금 수준을 고려해 적정 인상률을 정하게 된다.

목표Goals 설정 -확정시기(12월~2월)	개발Development 계획 -설정시기(7월~8월)	성과Achievements 평가 -확정시기(12월~2월)
1. 4~6개 목표설정	1. 목표 진척사항 점검	1. 성과 평가
2. 직속상사와 협의후 확정 (Sign off)	2. 개인 개발 계획 수립 및 연중 시행	2. 평가 조율후 확정 (Sign off)

표5・성과관리 프로세스(예시)

잘 정리된 성과 책임들은 직원들이 업무 목표를 달성하는 데 모든 노력을 집중하게 만들면서 사업 방향을 제시한다. 이러한 성과 책임들은 조직 단위 및 회사에 맞춰 조정된다. 대체로 직원들에게는 한 해 동안 4~6가지의 주요 성과에 대한 책임을 부여하는 것이 권장된다. 가장 중요한 성과 책임들은 구체적Specific, 측정 가능Measurable, 성취 가능Achievable, 목표 중심Results-based, 시간 제한Time-bound을 두고 정할 것을 제안한다.

Specific 구체적	달성 목표를 정하고 그에 따라 무엇을, 어떻게, 언제까지 달성할 것인지 상세하게 정한다.
Measurable 측정 가능	성공 평가 기준을 명확하게 정한다.
Achievable 성취 가능	자기 능력 내에서 업무 수행의 목표를 높여간다.
Results-based 목표 중심	핵심 실적을 목표로 한다.
Time-bound 시간 제한	목표 달성 기한을 정하는 것이다.

주어진 상황에 맞는 핵심 목표를 설정하는 데 있어, 다음 질문들을 자문해 보자.

- 여기서 이 일을 하는 대가로 회사가 내게 주는 것은 무엇인가?
- 연말까지 내가 제공할 수 있는 가장 뛰어난 성과물은 무엇인가?
- 부서 사업 전략 달성을 위한 효과적인 지원책 중 내가 할 수 있는 일은 무엇인가?
- 내가 세운 성과 목표가 목표 기준치를 올리는 방향으로 설정되었는가?
- 이 목표를 달성한 후 직장을 떠나면 남는 것은 무엇인가?

내가 경험해 본 결과 일을 잘하는 사람은 기업인이자 컨설턴트인 스티븐 코비Stephen Covey가 제시한 시간 관리 매트릭스에서 강조한 것처럼 시간 관리를 잘한다. 공기업 재직 시절에 기관장은 간부회의가 끝나면 'To-do list'를 작성하게 해서 정기적으로 그 진척 사항을 관리하도록 했다. 형식은 다를 수 있어도 기업마다 다양한 성과관리 시스템을 가동한다. 그러나 조직 규모와 관계없이 공통으로 평가 프로세스의 핵심은 평가자의 지속적인 업무지도를 통해 구성원의 역량을 개발시키고 성과를 향상하는 것에 있다.

PDCA 방법론 Methodology

2012년 타워스 왓슨 Towers Watson의 「글로벌 인적자원 조사 Global Workforce Study」에 따르면, 한국 기업에서는 전체 구성원 중 몰입 수준이 높은 Highly Engaged 사람은 17%에 불과했다. 10명 중 8명 이상이 일에 몰입하지 못한다는 뜻이다. 이는 글로벌 평균 35%보다 낮은 수치다. 이 문제를 해결하기 위해 보스턴대 윌리엄 칸 William A. Kahn 교수는 몰입의 전제조건으로 일의 '안정성 Safety'을 강조한다.[10]

또한, 갤럽이 발표한 「글로벌 직장의 실태 2021 보고서 State of the Global Workplace: 2021 Report」에 따르면 한국 직장인의 12%만 업무에 몰입 Engagement한다고 제시했다.[11] 한국 직장인들 대다수가 업무에 몰입하지 못하고 불필요한 일에 신경을 많이 쓴다는 것이다. 법 개정으로 근로시간은 엄격하게 관리하는 데 비해 생산성이 향상되고 있는지 고민되는 부분이다. 시사점은 종전 조

---

10 강승훈, 「한국 기업, '영혼을 담은 몰입'이 필요하다」, LG Business Insight, 2014, p. 25, 재인용
11 Gallup, 「State of the Global Workplace ; 2021 Report」, Gallup, Inc., 2021, p. 169

사보다 몰입 지수가 더 하락했다는 점이다. 퇴근 시간이 되면 하던 일도 정리하지 않고 가는 것이 현실이라고 어떤 관리자는 하소연한다. 중요한 것은 조직구성원들이 오랜 시간 근무하는 것보다 주어진 근무 시간 동안 얼마만큼 몰입해서 일하는가의 문제다.

구체적인 방법론으로 PDCA(Plan-Do-Check-Act)를 제시한다. PDCA는 행동 결과의 피드백을 통해 문제를 해결하고 지속해서 개선하기 위한 사이클을 뜻하는 4단계 Plan(계획)-Do(실행)-Check(검토)-Act(행동)의 약어다. 이 사이클은 업무 성과를 향상하는 데 유용하다. 계획 단계에서는 명확하고 구체적인 목표를 설정하며, 실행 단계에서는 계획에 따라 실행한다. 검토 단계에서는 객관적인 자료를 바탕으로 문제점과 개선 사항을 명확히 파악하고, 행동 단계에서는 대안에 따라 실행하는 것이다.

PDCA는 지속적인 개선을 통해 조직의 성과를 향상하는 데 유용한 방법론이며, 효율적인 업무 수행을 위한 강력한 도구다. PDCA가 조직 전체에 적용되기 위해서는 경영진의 리더십과 참여가 필수다. 아래 어느 다국적 기업의 PDCA 모델을 살펴보자. 성공의 전제조건은 경영진의 약속과 직원 참여가 필수다. PDCA는 단순한 루틴이 아니라 데이터와 피드백을 기반으로 지속적인 학습과 개선을 하는 체계적인 방법론이다. 따라서 개선 과정에서 동료들과 소통하고 피드백을 주고받는 것이 매우 중요하다.

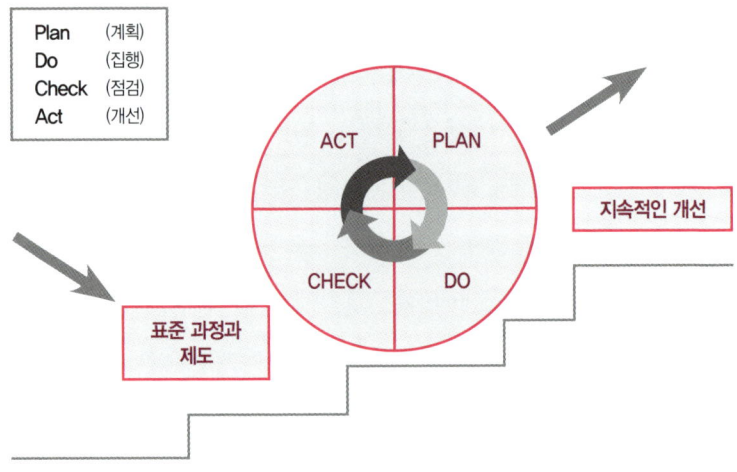

그림1 · PDCA 모델(예시)

어떤 기업은 6시그마 six sigma의 DMAIC를 사용하기도 한다. 6시그마의 주요 요소는 다음과 같다.

- **정의**Define : 문제 또는 기회를 식별하고 프로젝트의 목표를 정의한다.
- **측정**Measure : 현재 공정 성능을 파악하기 위해 데이터를 수집한다.
- **분석**Analyze : 통계 도구를 사용해 문제의 근본 원인을 파악한다.
- **개선**Improve : 프로세스를 개선하기 위한 솔루션을 개발하고 구현한다.
- **관리**Control : 시간이 지나도 개선 사항이 지속되도록 관리 시스템을 구축한다.

6시그마는 프로세스의 수준을 6시그마 수준으로 향상하는 활동이다. 즉, 6시그마는 통계 도구와 방법을 사용해 데이터 중심으로 문제를 체계적으로 해결하는 고도로 규율된 프로세스다. 6시그마는 제조업, 의료, 서비스 분야와 같은 많은 산업에서 널리 사용된다. 6시그마는 전담 인력을 투입하고 지속적인 개선CI, Continuous Improvement을 통해 상당한 비용 절감, 고객 만족도 향상 및 경쟁력 향상으로 이어질 수 있다. 그러나 업무에 즉시 적용하기에는 PDCA 방식이 좀 더 간명하다는 차이가 있다.

직속 상사와의 관계 형성 및 피드백

온보딩에서 가장 중요한 요소 중 하나는 상사를 잘 만나는 것이다. 그러나 신규 입사자의 의지와 상관없이 상사가 결정되기 때문에 상사를 잘 만나기란 쉽지 않다. 팀원이 상사와의 관계를 형성하는 것은 조직 내에서의 원활한 업무 수행과 성장을 위해 매우 중요하다. 따라서 직속 상사와 열린 의사소통을 하며 적극적인 태도로 상호 간의 신뢰를 구축할 필요가 있다. 상사와 관계를 잘 형성하려면 우선 적극적으로 업무 진행 상황을 수시로 보고하고 애로 사항을 솔직하게 터놓는 것이 좋다. 다음으로는 상사로부터 받는 피드백을 긍정적으로 수용하고 개선하기 위해 노력하는 자세를 보여야 한다.

구글에서는 피드백을 선물이라고 한다. 피드백을 통해 더 나은 업무 수행 방법을 찾을 수 있기 때문이다. 켈로그 전 최고 경영자인 카를로스 쿠티에레스는 글로벌 리더십 포럼에서 다음과 같이 연설했다. "겸손해지려면 어느 정도 용기가 필요합니다. 이는 스스로 무지함을 드러내고 싶지 않은 인간의 특성 때문입니다. 하지만 이 세상에 모든 것을 알고 있는 사람은 없다는 사실을 명심해야 합니다. 학습을 하는 사람은 호기심과 열정을 갖추고 있어야 합니다. 그리고 모른다는 사실을 인정하는 겸손함도 필요합니다. 그래서 피드백은 어쩌면 몸에 좋은 시금치와 같은지도 모릅니다."

자신이 받았던 최고의 피드백과 최악의 피드백에 대해 떠올려 보자. 누가 어떤 내용으로 피드백했는지, 그 경험으로부터 배운 것이 무엇인지. 이러한 관점으로 상사와 주고받은 내용을 정리해 복귀하는 것은 앞으로의 업무 진행에 도움이 된다.

상사는 팀원의 강점과 보완점을 파악하고, 팀원의 성장을 돕는 코칭을 해야 한다. 팀원은 기본적인 원칙을 정해놓고 충실히 실천하며 상사를 통해 가져야 할 역량과 배울 수 있는 역량에 집중하도록 한다. 또한 팀원은 상사의 입장을 먼저 헤아리는 태도를 보이는 것이 좋다. 업무에 대해 상사와 지속해서 대화하면서 상사의 직무나 고충, 압박감이 무엇인지 파악하고, 상사가 내게 기대하는 수준이 어느 정도인지, 확인할 필요가 있다. 일하다 보면 애매모호한 상황을 종종 겪게 되는데 그럴 때는 상사와 대화하는 것이 중요하다. 그래야 상황을 효과적으로 대처하는 데 도움이 되는 힌트를 찾을 수 있다.

다음은 신규 입사자가 상사와의 관계 형성을 위해 주의할 점이다.

- **상사와 감정적으로 멀어지지 말자.** 상사와 감정이 멀어지면 쉽게 풀릴 수 있는 사안도 어려워진다. 상사 대부분은 안 좋은 소식을 갑자기 터트리는 것을 좋아하지 않는다. 그래서 징후가 있으면 미리 가능성을 상의하는 것이 좋다. 상사가 어떻게 대처할지 생각할 시간을 주는 것이다.

- **문제가 있을 때만 상사하고 상의하지 말라.** 상사에게 문제가 생길 때만 찾아간다면 상사는 그 부하 직원이 찾아오는 것이 언짢을 것이다. 이번에는 또 무슨 문제로 찾아왔을지 몰라 달갑지 않을 것이다. 기쁜 소식도 상사와 공유하는 것이 좋다.

- **상사가 변하리라는 기대는 말자.** 누군가가 변하기란 쉽지 않다. 상사가 변할 것을 기대하고 내 행동을 결정하는 것은 어리석은 일이다.

- **잘 이해가 되지 않으면 명확하게 하라.** 지시사항이 명확하지 않은 상태에서 일을 마무리하려다가 낭패를 볼 수도 있다. 잘 이해되지 않는다면 다른 관점에서 다시 물어보자. 한 번에 반복적으로 물으면 상사가 번거롭다고 느낄 수도 있으니 타이밍을 잘 조절해서 다양한 방식으로 확인해 보는 게 좋다.

- **상사의 스타일을 잘 이해하라.** 직설적으로 보고하는 것을 선호하는 상사인지, 서면으로 보고하는 것보다 구두로 직접 보고하는 것을 선호하는지 파악하고 그것에 맞게 대응하는 것이 좋다. 또한 중간중간 진행 상황을 보고하지 않으면 불러서 책망하는 상사도 있다. 결론부터 이야기하고 보충 설명을 하는 것을 선호하는지, 상황을 자세히 설명하고 나서 결론을 이야기하는 것을 선호하는지 스타일을 파악하라. 대부분 상사는 시간에 쫓기는 경우가 많으니 전자를 선호하는 편이다.

리더 대부분은 팀원이 시키는 대로만 일을 정확하게 하고 더 나아가서는 알아서 잘해 오기를 바란다. 문제는 많은 리더가 팀원이 의욕을 갖고 무언가를 제안했을 때 "그거 해 봐야 안 돼, 예전에 다 해 봤어"라는 식의 피드백을 하는 경우다. 그것은 좋은 피드백이라고 할 수 없다. 이런 상황이 반복되면 부하 직원은 자신감과 의욕이 사라져 위축되고 만다. 리더는 "상사가 무능하다고 찍으면 실제로 무능해진다"라는 현상인 '필패 신드롬The set-up-to-fail Syndrome'을 경계해야 한다. 지금은 실수하고 부족하더라도 성장할 수 있다는 믿음으로 팀원이 관점을 전환하고 사고를 확장할 수 있도록 도와야 한다.

경력직원이 아닌 신입사원이라면 상사가 지시한 일을 '왜' 해야 하는지 조언을 구할 필요가 있다. 병사들은 어떻게 싸울 것인가 보다 왜 이 전투에서 싸워야 하는지 의미를 깨달을 때 마지막까지 온 힘을 다한다. 대부분의 다국적 기업에서는 상사가 자신의 업무 목표를 부하 직원에게 먼저 공유한다. 하부로 의사소통이 원활하게 되지 않아 팀원이 조직의 목표와 성과지표를 모르는 경우 좋은 결실을 기대하기는 어렵다.

리더십 개발을 오랫동안 해온 미국의 DDI 컨설팅회사는 2023년 보고서에서 미래에 개발해야 하는 중요한 5가지 역량을 ① 핵심 인재를 육성하는 능력 ② 전략적 사고 ③ 변화를 성공적으로 관리하는 능력 ④ 의사결정 우선순위 ⑤ 구성원들에

게 끼치는 영향력이라고 언급했다.[12]

신입사원이 향후 리더로 성장하기 위해 상사나 경영진을 보며 이러한 요소들을 잘 관찰하고 학습한다면 자신의 성장에 분명히 도움이 될 것이다.

12　DDI, 「Global Leadership Forecast 2023」, DDI Inc., p. 19

3장

3단계
확장하기

자신의 성공 요소
정립하기 _____

자신의 도전 목표 세우기

온보딩 가속 단계에서 도전 목표Stretch Goal를 세우는 것은 개인적인 성장과 발전을 위해 중요한 과정이다. 도전 목표는 현재의 능력과 경험을 넘어서는 높은 목표로 설정되어야 한다. 어려움이 있을 수 있지만 도전적인 목표를 통해 새로운 것을 배우고 발전할 수 있다. 도전 목표를 세울 때, 미래의 자신을 시각화하는 것이 도움이 된다. 자신이 성공적으로 목표를 달성했을 때, 어떤 모습이 되고 어떤 성취를 이루었는지 상상한다. 이를 통해 목표에 대한 열망과 동기를 높일 수 있다. 회사마다 다르지만, 도전 목표 달성 시 해외여행 경험 같은 인센티브를 제공하는 곳도 있고, 가속률acceleration rate을 반영해 성과급을 지급하기도 한다.

　회사에서 성과관리 목표를 보다 보면 도전적인 목표를 세우는 직원도 있지만 쉽게 가기 위해 관대한 목표를 세우는 직원들도 있다. 그러나 성공하고 싶다면 도전적인 목표를 세우도록 하라. 성공한 사람들은 높은 성취동기를 갖고 끊임없이 새로운 목표를 위해 열정적으로 노력했다는 공통점이 있다. 조직에서는 매년 항상 목표 기준을 높이 설정할 것을 기대한다. 높이 뛰기 선수가 새로운 목표를 조금씩 상향해서 도전하는 것과 같은 비슷한 이치다. 중요한 것은 이기적인 욕심이 아닌 간절한 열망이 있어야 한다.

　도전 목표의 목적은 단지 그것들을 성취하는 것뿐만 아니라, 자신의 경계를 허물고, 새로운 기술을 개발하고, 도전을 기회로 받아들이는 데 있다. 도전 목표가 성공하기 위해서는 몇 가지 체크포인트가 필요하다. 우선 조직의 전반적인 전략 및 목표와 연계되어 있는지 확인할 필요가 있다. 그리고 도전 목표를 마일스톤Milestone처럼 단순하고 관리할 수 있는 단계로 구분해서 구성원들이 분명하게 이해할 수 있게 수립해야 한다. 이를 통해 목표의 방향을 알고 더 효과적으로 목표를 향해 업무를 진행할 수 있다. 또한, 반드시 상사와 함께 목표를 설정해야 달성 가능성이 커진다는 것을 명심해야 한다.

주요 성공 요소 설정하기

함께 일하는 방법을 설정하는 것은 개인의 성장과 발전을 위해 매우 중요하다. 자신의 강점과 성향을 파악하고 듣는 습관을 점검하라. 아울러 직급에 맞는 행동 지표를 고려하고 롤 모델을 설정한다. 산업 환경과 개인적 노력에 따라 다르겠지만 이러한 요소들을 기반으로 개인의 성장과 발전을 추진하면, 지속적인 성공과 만족스러운 경력을 쌓아나갈 수 있다.

다음은 어느 외국인 투자 기업의 6가지 성공 요인들 Key Success Factors이다. ①고객을 위한 가치 창조에 노력을 집중해 세계시장을 선도 ②도전 목표 수립 및 달성을 통해 지속적인 성과 창출 ③성과 지향적 혁신을 통해 지속적으로 업무 개선방안을 모색하고 수용 ④끊임없이 변화하는 까다로운 환경에 신속하게 대응 ⑤지속적으로 이해관계자와의 열린 협력관계 구축하고 팀워크를 조성 ⑥구성원 개인과 팀이 전문가로서 지속적으로 성장, 발전할 수 있도록 지원. 전사적인 전략 방향성이지만 개인 목표 설정 시에 이러한 방향성과 연계하여 목표 수립을 완성한다.

신규 입사자는 조직의 생리에 낯설어서 회사 문화에 잘 적응하고 동료들과 효과적으로 협력할 수 있는 환경이 업무의 성공을 좌우한다. 자신의 입장만 주장하고 협업이 안 되는 경우 다른 사람들의 이야기를 경청하는 태도가 필요하다. 우리는 자기 자신을 가장 잘 안다고 생각해 다른 사람의 관점에서 자신을 돌아보는 노력을 종종 게을리한다. 다른 사람이 관찰하기에 본인이 판단하는 것보다 더 개발이 필요한 영역을 맹점blind spot이라고 한다. 반대의 경우를 숨겨진 강점hidden strength이라고 한다. 성장을 위해서는 이러한 블라인드 스팟을 파악해 개선하는 노력을 해야 한다.

회사를 이직하면 기존 직원들이 "항상 이 방식으로 일해 왔어"라고 공통으로 말한다. 신규 입사자가 기존 체계를 바꾸려는 것이 불편하다는 뜻이다. 그렇다면 신규 입사자는 그렇게 해온 이유를 잘 살펴보고 그래도 문제가 있다면 개선의 방법을 찾는 것이 현명하다. 경력직원으로 입사하였을 때 기존 직원들로부터 환영받기가 더 어렵다. 외부 인력에 대해 배타적인 조직일수록 더 냉랭하다. 그래서 신규 경력자는 변화와 개선이 왜 중요한지 이해시키고, 성공적으로 실행한 자기 경험이나 조직의 사례를 공유하면서 동료들이 개선 사항을 수용하도록 지속적인 설득을 해야 한다. 먼저 솔선수범해서 효과적으로 일하는 모습을 보이고, 조직에서 설정한 성공 동인들Success Drivers을 충실히 실천한다.

신규 입사자들은 특히 주변 사람들에게 이런저런 도움을 받게 된다. 그래서 자기 생각을 먼저 정리해 자신이 필요로 하는 도움이 무엇인지 적어놓는 것이 좋다. 자신 또한 팀원들에게 도움이 될 수 있는 역할이 무엇인지 찾아야 한다. 관계는 다른 사람과 상호작용하면서 그 사람의 어려운 일을 도와줄 때 좋아진다. 다른 사람들이 지원을 요청하는 것이 무엇인지 들어보면서, 작은 일이라도 자신이 얼마나 자주 타인을 돕는지 기록해 보는 것도 좋다.

5=매우 자주, 4=자주, 3=때때로, 2=거의 하지 않는다, 1=전혀 하지 않는다

1. 나는 들을 때 나 자신이 졸고 있는 것을 발견한다.	
2. 나는 듣고 있지 않은 데도 듣는 것처럼 바라본다.	
3. 나는 주요 사항을 듣고 있으나, 세부 사항과 진정한 의미는 놓친다.	
4. 내가 말할 것을 연습해서 다른 사람이 말하는 것을 놓친다.	
5. 나는 다른 사람이 말하는 중간에 개입한다.	
6. 내가 기대하는 메시지를 이해했다고 생각하면 듣기를 멈춘다.	
7. 나는 소음이 있으면 들을 수 없다.	
8. 내가 동의하지 않더라도 핵심에 집중한다.	
9. 나는 그 주제에 관심이 없을 때 듣지 않는다.	
10. 내가 이해하지 못했어도 확인하지 않는다.	
11. 나는 그 말이 다른 사람에게도 같은 의미로 전달되었을 거라고 간주한다.	
12. 나는 좋아하지 않거나 믿지 않는 사람의 말은 듣지 않는다.	
13. 나에게 말하는 사람을 쳐다보지 않는다.	
14. 나는 내가 듣는 메시지의 내용을 판단한다.	

합계 : _____

8~28 경청을 아주 잘합니다. 경청하는 좋은 스킬을 잘 활용하시기 바랍니다.
29~49 보통 수준의 경청을 합니다. 경청을 잘하기 위해 별도로 노력해 보시기 바랍니다.
50~70 의사소통과 적극적인 경청에 관한 요점을 검토하고 연습할 필요가 있습니다.

표1・듣는 습관 자가 진단

다음은 나쁜 습관에 빠져 있을지 모를 테스트다. 자신이 얼마나 예시된 행동에 의존했는지 해당하는 항목을 표시해 점수를 매겨보자.

경청과 공감은 리더로서 성공하기 위해 꼭 필요한 요소이며, 살아가면서 필요한 요인이기도 하다. 경청과 공감을 잘하면 조직과 사회의 수많은 갈등이 해소될 것이다. 다양한 조직에서 직무 만족도를 조사해 보면 구성원들은 상사가 자기 말을 잘 경청하고, 자신의 의견이 잘 수렴된다고 느끼지 않는다. 대부분 상사는 듣고 싶은 것만 듣고 자신이 하고 싶은 말만 하려는 경향이 있다고 생각한다.

데이터에 기반한 성과지표 측정하기

조직에서는 의사결정에 영향을 주는 많은 데이터와 자료가 있다. 기존 직원들은 다양한 루트를 통해 정보를 습득하고 활용한다. 신규 입사자들은 일정한 적응 기간이 필요하다. 적응 기간을 최대한 단축해서 성과를 낼 수 있는 기반을 쌓는 것이 90

일 동안의 할 일이다. 잘못된 정보를 가지고 일하는 실수를 경계해야 한다. 오히려 기존 직원들이 타성에 젖어 있어 보지 못하는 것을 다르게 할 수 있다. 프랑스 작가인 마르셀 프루스트 Marcel Proust가 "진정한 발견의 항해는 새로운 지역을 찾은 데 있는 것이 아니라, 새로운 시야를 갖는 것에 있다"고 말한 것처럼 더 중요한 것은 새롭게 다른 생각을 하는 것이다.

온보딩 기간에는 많은 정보가 주어진다. 불확실한 상황에서는 조직화된 자료가 중요하다. 같이 일하다 보면 자료와 정보를 잘 정리해서 활용을 잘하는 직원이 일을 잘하는 것을 알 수 있다. 평소에 정리를 잘해두자. 물론 의사결정 할 때 100% 완벽한 상태에서 하기는 어렵다. 시간과 노력이 너무 많이 들기 때문에 어느 정도 판단할 수 있는 정보와 자료가 있으면 의사결정을 할 수밖에 없다. 경험 있는 직원의 의견을 듣고 참고해 판단하는 이유도 잘못된 의사결정의 리스크를 최소화하려는 노력이다. 실무자 회의, 간부회의 목적이 정보 공유와 의사결정과 관련된 절차를 위한 것이다.

구체적인 업무 관리 방식으로 데이터에 기반한 성과지표를 측정하는 방식이 있다. 데이터를 수집하고 분석하고 활용하는 것은 조직의 성과를 정량적으로 평가할 수 있다. 이 방법은 주로 KPI Key Performance Indicators 또는 확장된 의미로 OKR Objectives and Key Results 과 같은 지표를 사용해 조직의 목표 달성과 성과를 모니터링하고 개선하는 데 활용된다.

데이터 기반 성과 측정 기준을 사용하면 기업이 더 나은 의사결정을 내리고, 개선 영역을 식별할 수 있다. 또한 시간이 지남에 따라 진행 상황을 파악하는 데 도움이 된다. 원인과 결과를 식별하고 여러 요인 간의 상관관계를 이해하기가 수월하다. 대체로 기업에서는 연도별로 데이터를 정리하고 비교 분석해서 문서를 작성하는 것을 선호한다.

최대한 모든 성과지표 KPI 를 수치화하는 것이 필요하다. 정량화하지 않으면 평가할 때 객관성이 떨어지고 구체적으로 손에 잡히지 않기 때문에 평가 시 논란이 생긴다. 자신이 신입사원으로 이러한 일을 맡게 된다면 데이터의 정확도로 신뢰감을 쌓는 것이 좋다. 아래와 같은 재무 데이터가 판단의 근거로 어떻게 활용되는지 살펴보자.

백만 원	2021년		2020년		변동량	
총매출액	201		183		18	
현금할인	1	0.5%	1	0.5%	0	0.0%
마케팅할인	36	17.9%	32	17.5%	(4)	-0.4%
총영업관련지출	37	18.4%	33	18.0%	(4)	-0.4%
순매출액	164		150		14	
매출원가 – 기타	75	45.7%	1	47.3%	(4)	1.6%
매출원가 – 판촉	4	2.4%	32	2.0%	(1)	-0.4%
매출총이익	85	51.8%	76	50.7%	9	1.1%
광고비	19	11.6%	17	11.3%	(2)	-0.3%
판촉활동비	10	6.1%	9	6.2%	(1)	-0.1%
총광고판촉비	29	17.7%	26	17.3%	(3)	-0.4%
연구개발비	1	0.6%	1	0.7%	0	0.1%
일반관리비	37	22.6%	34	22.7%	(3)	0.1%
일반관리비와 연구개발비	38	23.2%	35	23.3%	(3)	0.1%
영업이익	18	11.0%	15	10.0%	3	1.0%

표2 · 가상의 ABC 회사 추세 및 비율 분석

왼쪽 표에서 추세 분석Trend Analysis이란 시간 경과에 따른 기업 성과 분석을 뜻하며, 2021년도의 매출총이익Gross Profit이 전년도 대비 9백만 원 증가했음을 알 수 있다. 이러한 데이터를 통해 비율 분석Ratio Analysis을 해보자. 여기서 비율 분석이란 재무 구성 요소와 관련된 데이터 분석을 뜻하며 일반적으로 순매출액의 %로 매출총이익을 산출한다. 위의 표에 따르면 2021년도에는 순매출액 대비 51.8%의 매출총이익이 발생했음을 알 수 있다.

차별화하기

개인의 능력 차원

 유명 정치학자 벤저민 바버Benjamin Barbar는 "세상은 강자와 약자 또는 승자와 패자로 구분되지 않는다. 다만 배우려는 자와 배우지 않으려는 자로 나뉠 뿐이다"라고 말했다. 개인의 능력을 차별화하기 위해서는 꾸준한 자기 개발이 중요하다. 이를 위해 회사 차원에서는 개인의 강점과 보완할 점을 파악하고, 적절한 교육훈련 체계를 활용해 개인의 성장을 지원하는 것이 필요하다.

 성과 차별화를 이루기 위해서는 자신의 지식과 역량을 적시에 확인하고, 부족한 부분이나 의문점을 해결하는 데 주저하지 않아야 한다. 관련 지식이나 정보를 놓치지 않도록 주의하고, 필요한 정보를 확인하는 습관을 갖추는 것 또한 중요하다. 구체적인 실천으로 문제 해결에 집중하고, 90일간의 성과를 점검하는 것이 중요하다.

70-20-10의 구조적인 접근 방식인 학습 모델을 적용한다면 더욱 효과적인 능력 개발을 할 수 있다. 70-20-10은 리더십 교육으로 유명한 글로벌 교육기관인 CCL Center for Creative Leadership에서 1996년 임원들이 갖추어야 할 역량을 분석한 책 『The Career Architect Development Planner』에서 처음으로 언급한 모델이다. 이는 업무-관계-교육의 %를 뜻하며, 학습의 70%는 업무 경험을 통해서, 20%는 타인과의 상호작용을 통해서, 10%는 공식적인 교육을 통해서 일어난다는 개념이다. 교육보다는 일터에서 경험을 통해 지식이나 기술, 태도를 습득하는 학습을 지향하는 것이다. 70-20-10 모델은 직속 상사와 함께 개발계획을 수립하기가 쉬우므로 많은 기업에서 이 모델을 적용해서 활용하고 있다.

성명 : _____   직위 : _____

직속상사 : _____   작성일 : _____

개발이 필요한 역량	개발 활동 수립			✓	완료시기	리소스
	경험(70%)	프로젝트(20%)	사내외 교육(10%)			
리더십 역량						
직무 역량						
직속상사의 점검 / 조언 / 평가(개발 계획 시행 만료시 완성)						

서명   서명

_____   _____

(직원)   (직속상사)

표3 · 70-20-10 학습 모형과 연계된 개인 개발계획(예시)

    자신의 강점과 보완할 점을 잘 아는 것은 매우 중요하다. 부족한 부분을 회사 교육체계 안에서 도움을 받을 수도 있다면 이를 활용하고, 여의찮으면 주변 전문가에게 조언받거나 스스로 학습하는 노력을 해야 한다. 신입사원이라고 조직에서 다 관대

한 것은 아니기 때문에 신입은 자신에게 필요한 역량과 기술이 무엇인지 공부하는 자세로 더 파고들어서 전문성을 길러야 한다. 전문성이란 특정 분야에 대해 문제를 해결하고 성과를 낼 수 있는 능력이다. 전문성을 키우기 위해서는 지식, 스킬, 태도 및 경험을 깊이 있게 연마해야 한다. 이 밖에 해당 분야 자격증을 보유하고 있을 때, 좀 더 전문성에 대한 객관성을 지니게 된다.

조직 차원에서는 신입을 담당하는 선임이나 팀장이 신입의 훈련을 잘 진행하고 있는지 점검하고 만약 잦은 퇴사 등 문제가 반복해서 일어난다면 근본적인 원인이 무엇인지 파악하고 개선해야 한다. 예전만 하더라도 한국의 조직문화는 혼나면서 배우는 것을 당연하게 여겼다. 그러나 이러한 구시대적 위계 문화는 더 이상 젊은 직원들에게 통하지 않는다. 그래서 시대의 흐름에 따른 조직 교육의 변화도 필요하다. 개인별 육성 니즈에 맞는 맞춤형 교육이 요구된다. 즉 ①디지털 환경에 맞게 하루에 10분 이내로 스마트폰을 이용해 수시로 학습할 수 있는 마이크로 러닝 ②온라인으로 필요한 내용을 사전 학습하고 오프라인으로 강사와 토론 위주로 학습하는 플립러닝Flipped learning

이라는 방식이 점점 더 의미를 더해간다. 학습 목표에 따라 적절한 학습 방법을 다양하게 활용하는 것이 중요하다.

다음은 자신의 업무 역량과 기술 개발을 위해 무엇을 하고 있는지 점검해 보는 체크리스트다.[13]

체크리스트 — 최근에 자신의 개발을 위해 어떤 일을 했는가?	예/아니오
직무에서 좋아하는 부분과 좋아하지 않는 부분 목록을 작성했다.	
최근의 나의 평가 내용을 보고 개선할 점을 실천했다.	
자기 평가와 직속 상사 평가의 차이를 개선하는 방안을 찾아보았다.	
불만족한 직장생활에서 나의 역할을 명확히 하고 배울 수 있는 점을 찾아보았다.	
회사의 가치, 문화, 리더십을 고려해 할 수 있는 것과 그렇지 않은 것을 작성했다.	
여러 경력 옵션을 시도해 본 후 우선순위를 정했다.	
위험을 감수하며 새로운 일을 시도해 보았다.	
정기적으로 직속 상사와 동료로부터 피드백을 구했다.	

---

[13] Beverly Kaye·Sharon Jordan-Evans, 『Love It, Don't Leave It』, Berrett-Koehler Publishers, 2003, pp. 15-16에서 발췌하여 재구성

대개의 관리자는 흔히 팀원들이 능력이 부족하면 외부 교육을 통해 이를 보강하려는 실수를 범한다. 그러나 실제로는 현장에서 어려운 프로젝트를 해결해 나가는 과정을 통해 역량이 향상된다는 것이 앞서 언급한 CCL의 연구 결과로 나타났다. 이는 신입이나 경력이 적은 직원에게 복잡하고 어려운 일을 시키지 않는다면 역량이 개발되지 않는다는 의미이기도 하다.

기업의 규모에 따라 경력 개발을 조직 주도형으로 할 것인지 자기 주도형으로 할 것인지 판단한다. 조직 주도형은 회사의 전략과 목표에 근거해 필요한 조직구성원을 개발, 육성하고 경력 경로Career Path를 관리한다. 자기 주도형은 자신의 장기 비전 및 필요에 따라 조직 내에서 스스로 경력을 결정하고 관리한다. 경력개발제도가 정착된 조직이 아니라면 자기 주도형으로 경력을 관리하자. 자신의 니즈에 따라 경력 목표를 설정하고 계획에 따라 실행해 나간다. 이때 필요한 것은 직속 상사와의 협의를 통해서 개인개발계획IDP, Individual Development Plan을 수립하는 것이다. 커리어 플랜은 내부 또는 외부 전문가인 커리어 카운슬러와의 상담을 필요시 활용한다.

개인의 관계 차원

개인의 관계 차원에서 차별화를 이루기 위해서는 나의 에고 ego를 내려놓고 구성원을 대하는 것이 좋다. 상사를 비롯한 상대의 감춰진 의도를 파악하고 오해를 일으킬 수 있는 모호한 영역을 줄여나가 상호 간의 신뢰를 쌓아가도록 해야 한다. 관계와 업무의 균형을 이루는 데 주의를 기울이면 더 나은 성과를 이뤄낼 수 있다.

앞으로 기업의 성패는 의사소통 갈등을 얼마나 줄이느냐에 달려 있다고 빌 게이츠는 말했다. 요즘 일부 기업과 젊은 세대는 심리학자 구스타프 융의 심리유형 이론에 근거를 둔 16가지 형태의 성격유형인 MBTI Myers-Briggs Type Indicator로 개인의 성격과 특성을 미리 파악해 업무에 적합한지 타인과의 상호작용을 어떤 식으로 이뤄나갈지 예측하는 편이다. 기업에서 팀의 인원 배치할 때 서로 다른 성격유형을 참고해 배치하는 때도 있지만 주로 교육 목적으로 많이 활용한다. MBTI는 하나의 심리유형 검사일 뿐 이것으로 그 사람의 모든 것을 정의하기는 어렵기 때문에 성격의 다름에 대한 이해 정도로만 활용하는 것이 좋다.

다가가기 쉬운 사람은 인간관계를 맺을 때 우선 그 사람의 관심사를 알려고 신경을 쓴다. 비즈니스 어젠다 이외의 이야기로 상대와 나의 공통 관심사나 연관성을 찾는 것이다. 회사는 다양한 사람이 함께하는 작은 사회이기 때문에 함께 일하는 사람을 파악하는 것도 중요하다. 편안하게 다가갈 수 있는 직원들과 그렇지 못한 직원이 누구인지, 자신이 다른 사람을 불편하게 만들지는 않는지 생각해 보자.

입사 초기에는 쉽지 않겠지만 끌려다니지만 말고 끌어당기는 시도를 해보자. 신입사원은 조직문화에 익숙하지 않기 때문에 거절하기가 쉽지 않다. 그렇게 매번 부탁을 승낙하다가 자신의 업무 처리가 곤란해진다면 낭패다. 자신의 기준을 세우고 상황이 여의찮을 때 정중하게 거절하는 것도 필요하다.

2020년 기준 재직했던 회사도 전 세계 임직원 가운데 밀레니얼 세대가 약 59%를 차지하고 있다고 분석했다. 이들의 사고방식은 디지털 기술에 익숙하고, 소셜미디어를 이용한 커뮤니케이션에 능하며, IT 기술 발전으로 인하여 언제나 연결할 수 있는 근무 형태에 익숙하다. 따라서 이들을 관리할 리더십 스킬도 달라야 한다. 필자의 경험으로 외국 관리자들은 과정Process을 좀 더 중요시하는 데 한국 관리자들은 결과Result를 더 중요시하는 경향이 있다. 관리자 성향을 분석해 보면 업무 중심형task-oriented과 관계 중심형relationship-oriented 리더가 있는 것이다. 리더가 어떤 타입인지 장단점이 있는데 내 경험으로는 두 가지 요소를 적절하게 운영하는 리더가 효과적이라 본다. 신입사원은 자기 상사의 성향을 잘 파악해서 행동하면 적응하는 데 많은 도움이 될 것이다.

소통 측면에서 강조할 점은 '~때문에'라고 이야기하지 말고 '~덕분에'라고 말하자. 우리 인생은 동전 양면과 같아 비극과 희극이 존재한다고 한다. 주변에서 흔히 경험하게 된다. 힘들게 하는 직속 상사 때문에 직장생활이 고달픈 경우를 덕분에 성장했다고 생각하자. 사람은 노력한 만큼 그 대가를 받는다고 한다. 공정성에 도전받으면 사람들이 분노하는 이유다. 조직의 성과관리도 이러한 공정성을 유지하려고 인사팀에서는 큰 노력을 기울이는 이유이다. 공정한 인사를 한다는 것은 리더들에게 매우 중요하나 그 결과는 매번 논란거리다. 경험이 다르고 판단의 잣대가 다른 것이다. 신입사원들은 동일한 출발선에 있다. 개인의 역량이 어떻게 발휘되느냐에 따라 결승점에 이르는 결과는 다른 것이다.

조직 내 성과 차원

조직 차원에서 성과 차별화를 이루기 위해서는 자신의 지식과 역량을 적시에 확인하고, 부족한 부분이나 의문점을 해결하는 데 주저하지 않아야 한다. 관련 지식이나 정보를 놓치지 않도록 주의하고, 필요한 정보를 확인하는 습관을 갖추는 것 또한 중요하다. 구체적인 실천으로 문제 해결에 집중하고, 90일간의 성과를 점검하는 것이 중요하다.

온보딩 기간에는 계획한 대로 학습이 잘 이루어지고 있는지 점검받는 것이 필요하다. 방향 설정을 잘해주는 상사가 있다면 행운이지만 방향 설정이 의문시되면 스스로 다음과 같은 점검을 해보자.

- 잘되고 있는 것은 무엇이며, 잘되지 않는 것은 무엇인가?
- 업무에 필요한 일을 정확하게 하고 있는가?
- 조직 내에 체계적인 시스템과 프로세스가 있는가?
- 기업의 미션과 고객에게 필요한 니즈를 이해하고 있는가?
- 조직문화가 업무가 진행되는 데 적절하게 형성되어 있는가?

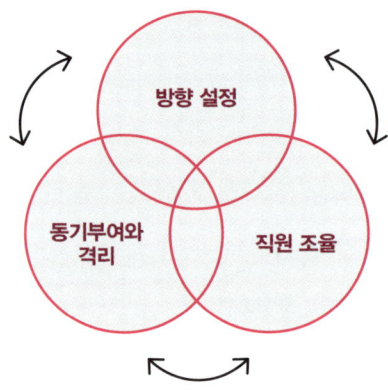

그림1 · 온보딩 점검 회의 프로세스

시야를 넓히기 위해서는 다양한 시각과 아이디어를 구해야 한다. 비단 신규 입사자뿐만 아니라 새로운 직책을 보임 받은 경우에도 필요하다. 의사소통할 때는 3C(Clear, Complete, Concise)에 신경을 써야 한다.

- **분명한**Clear : 메시지는 분명하고 논리적으로 펼쳐져야 한다.
- **완성된**Complete : 메시지는 모든 적절한 정보를 포함한다.
- **간결한**Concise : 메시지는 간단명료해야 한다.

일을 찾아서 하는 것은 자신의 역량이 성장하는 데 도움이 된다. 주어진 일만 하기에도 바쁘다고 항변할 수 있지만, 능동적으로 일하는 태도는 개인의 성취감을 높여줄 뿐만 아니라 조직 내에서도 능력 있는 직원으로 평가받는 주요한 요인이 된다.

누구나 더 나은 인생을 살고 싶어 한다Live better life. 그러나 인생을 더 나아지게 만드는 것Make life better이 더 실천적이다.[14] 우리가 무슨 일에서든 주체적으로 살아갈 때 더 나은 인생을 만들 수 있다. 이는 업무 만족도와도 연결이 된다. 직원 의견 조사에 따르면 직원 대부분은 업무 방향 설정과 의사결정에 더 많이 참여하고 싶다고 밝혔다. 대부분은 회사가 어떠어떠한 점에서 충분히 포용적이지 않다고 느끼는 경우가 많았다. 훌륭한 리더는 중요한 사안을 조율할 때 직원들을 참여시키도록 한다.

---

14 최규철,《월간인사관리》, 2022. 3월호, p. 71

세계에서 가장 성공적인 회사 중 하나인 아마존은 16가지 리더십 원칙을 활용해 조직을 운영하는데 이러한 원칙을 자신의 리더십 역량을 점검하는 데 활용해도 의미 있는 방법이 된다.

① 고객에게 몰입한다 Customer Obsession

② 주인의식을 갖는다 Ownership

③ 발명하고 단순화한다 Invent and Simplify

④ 리더는 올바름을 추구한다 Leaders are Right, A Lot

⑤ 배우고 호기심을 갖는 다 Learn and Be Curious

⑥ 최고의 인재를 채용하고 육성한다 Hire and Develop the Best

⑦ 최고의 기준을 추구한다 Insist on the Highest Standards

⑧ 크게 생각한다 Think Big

⑨ 위험을 감수한다 Bias for Action

⑩ 검소함 Frugality

⑪ 신뢰를 얻어라 Earn Trust

⑫ 깊게 고민한다 Dive Deep

⑬ 소신이 있다: 반대하더라도 몰입한다 Have Backbone; Disagree and Commit

⑭ 성과를 낸다 Deliver Results

⑮ 지구 최고의 고용주가 되기 위해 노력한다 Strive to be Earth's Best Employer

⑯ **성공과 확장에는 광범위한 책임이 따른다**Success and Scale Bring Broad Responsibility.[15]

온보딩 프로그램을 종료하는 시점에서 커리어 플랜을 수립하기 전 자신을 돌아보자. 강점과 보완할 점이 무엇이고, 전문 커리어 컨설턴트의 도움을 받거나, 예를 들어 커리어 진단 도구인 버크만Birkman 검사 같은 평가를 통해 자신의 직업 가치관, 행동 성향, 잘하는 것과 좋아하는 것의 특성을 진단하고 커리어 목표를 설정(희망 직무 경로, 시기, 필요 역량 파악)한다.

통상 경력 경로는 직무 중심으로 같은 직무군(인사는 인사/노무/교육 직무) 내에서 육성하는 스페셜리스트Specialist 트랙과 다른 직무군(예를 들어 관리부서와 사업부서) 간의 직무순환 보직을 통해 제너럴리스트Generalist 트랙이 있다. 어느 트랙으로 갈 것인지는 회사의 경력 개발 전략에 따라 차별화될 것이다. 외투기업은 같은 직군Job Family에 속한 직무 중심으로 경력 경로가 특화

---

[15] July 1, 2021. For the latest version: http://www.aboutamazon.com/about-us/leadership-principle

되어 있다. 공조직은 여전히 다른 직무군에 속한 직무 간의 순환보직으로 전문성보다는 구성원들에게 다양한 직무를 경험하게 하는 차이점이 있다.

이러한 조직의 환경적인 요인을 고려해 자신에게 맞는 경력개발을 직속 상사와 계획하는 것이 필요해 보인다. 유념할 것은 과거와 현재뿐만 아니라 미래에 대해 생각도 해야 한다는 것이다. 자신의 장단점과 현재의 문제점을 솔직하게 이야기하고 지원을 부탁하자. 과거 잘못된 부분을 시정하는 방안에 대해서도 토의하는 것이 좋다.

올인

자신이 속한 조직과 자신의 성장을 위해 올인하는 태도

 간절함으로 올인하는 태도를 보일 때 무슨 일이든 이룰 수 있다. 자기다움을 유지하고 공감 능력을 발휘하면서 지속적인 노력과 투지를 지닌다면 조직 내에서 더 높은 성과를 이뤄낼 수 있다. 다시 말해서 일시적인 성과에 만족하지 않고 꾸준히 성장하려는 노력과 개선에 집중해야 한다. 이러한 태도는 성과를 창출하는 데 큰 역할을 하며, 자신의 동기부여와 더불어 타인과의 협업에서도 긍정적인 영향을 미친다. 결국 개인이 성장하면 조직도 함께 성장하는 것이다.

이를 좀 더 효과적인 방식으로 이루기 위해서는 혁신적인 사고방식이 필요하다. 위험을 감수하더라도 창의적으로 생각하고 도전하려는 의지가 중요하다. 성숙하지 않은 성장은 가치가 없다. 포도주가 잘 숙성되어야 제맛이 나는 것과 같은 이치다. 숙성되지 않았는데 포도주를 개봉하면 제맛을 내지 못한다. 업무 스킬과 더불어 자신의 평정심을 유지하고 멘탈을 관리하면서 성숙한 내면을 다져나가는 것도 중요하다.

흔히 현재에 온전히 집중하지 못하고 다른 데 신경을 쓰는 경우가 있다. 몸은 여기 있는데 생각은 다른 데 있는 것이다. 온보딩 기간 중에 설령 다른 생각이 복잡하게 들더라도 온전히 올인하는 것이 매우 중요하다. 자기 경험에 비추어서 편견과 선입견이 생기더라도 잠시 판단을 유보하는 기간을 갖는 것이다. 오히려 조직구성원들은 관찰하는 기간이다. 구성원들이 가치 있게 여기는 것이 무엇일까? 구성원은 어떨 때 힘들어할까? 구성원들을 끊임없는 호기심으로 자문해 보자. 그것이 온보딩 시기에 나에 관한 질문으로 되돌아오기 때문이다.

사회생활을 하다 보면 다른 직무로의 전환이나 해외 지사

근무 등 성장할 수 있는 중요한 모멘텀Momentum이 여러 번 온다. 기회가 있으면 도전해 보는 것을 권장한다. 내가 알게 된 한 외국인 관리자는 미국과 유럽에서 경력을 쌓은 후 아시아 태평양 지역본부 부사장으로 젊은 나이에 중책을 맡게 되었다. 그가 그렇게 단기간에 빠른 성장을 할 수 있었던 데에는 그만의 원칙이 있었다. 그는 자신이 기대하는 바와 자신이 하는 일이 무엇인지, 자신이 조직원들에게 어떤 것을 지원해 줄 수 있는지를 매주 직속 부하들과 상의했다. 부하 직원들에게 배울 점이 있으면 경청하고 최대한 정보를 공유하려고 했다. 그렇게 1년 동안 일하다 보니 팀원들은 자연스레 그를 신뢰하고 의지하게 됐다. 문제를 해결하고 소통하는 방식이 그의 강점이었다. 신입사원을 비롯한 누구나 이러한 태도를 본보기로 삼으면 반드시 성장할 수 있다.

변화를 가능하게 하는 꾸준함

개인 차원 또는 조직 단위 관점에서 변화를 가능하게 하고 지속적인 성공을 이루기 위해서는 꾸준하게 하는 것이 중요하다. 성공적인 변화를 달성하려면, 실패 요인들을 파악해 이를 개선하고 피드백을 반영해야 한다. 조직구성원들에게는 왜 변화가 필요한지, 변화로 얻게 될 이점이 무엇인지를 설명해 그들의 공감과 참여를 끌어내는 것이 중요하다. 아울러 변화를 이루기 위해서는 단계적인 방식으로 목표에 접근하는 것이 효과적이다.

미국의 발명가 찰스 케터링Charles F.Kettering은 "세상은 변화를 싫어한다. 하지만 그것은 발전을 가져오는 유일한 것이다"라고 말했다. 개인과 조직이 변경 사항을 효과적으로 구현하고 유지할 수 있도록 지원하는 프로세스가 마련돼야 변화할 수 있다.

- 변화의 필요성과 제안된 변경의 이점을 명확하게 전달
- 변경 프로세스에 직원 참여: 참여 직원이 변화를 구현하는 데 필요한 기술과 지식을 습득할 수 있도록 교육 및 개발 기회 제공
- 직원들이 변화 프로세스를 탐색할 수 있도록 지속적인 지원 및 코칭 제공: 진행 상황을 측정 및 추적하여 변경 사항이 의도한 대로 구현되고 있는지 확인하고 필요에 따라 조정
- 변화를 지원하고 장려하는 문화 구축

- **변화를 가능하게 하는 프로세스를 지속해서 평가하고 개선**

조직의 문화를 변화시키는 것은 조직 내에서 사람들이 함께 일하는 방식을 형성하는 가치, 신념, 행동 및 관행을 변경하는 복잡한 프로세스다. 따라서 명확한 비전, 강력한 리더십 및 조직의 모든 구성원의 적극적인 참여가 필요하다.

회사가 커지거나 최고경영자가 새로 부임하면 조직문화를 바꾸고 싶어 한다. 더 나아가서 조직문화를 탈바꿈하기를 원한다. 그러나 변화에 대한 내부 저항도 있으므로 외부 전문가의 도움으로 컨설팅을 진행하는 경우가 많다. 중요한 것은 컨설팅을 통해서 소기의 성과를 달성했느냐이다. 내가 재직했던 어느 외국인 투자 기업에서는 변화의 노력이 실패하는 이유를 다음과 같이 정리했다.

- **강력한 리더십 지원이 결여**
- **분명하고 설득력 있는 변화를 위한 사례 부족**
- **동기부여 측면보다 사실적인 측면만 호소**
- **변화를 위한 적절한 계획과 적합한 전담 인력 부족**

- 너무 많은 변화를 동시에 추진
- 성공했을 때 모습과 어떻게 측정될 것 인가에 대한 불명확성
- 변화가 시작되었으나 지속적이지 못한 경우

우리가 사는 세상에서 어떤 형태로든 변화는 계속해서 일어난다. 변화는 단거리 경주가 아니고 마라톤처럼 지속해서 할 때 점진적 개선을 통해 가능하다. 회사가 조직을 통합할 때 반드시 신경을 써야 하는 분야가 변화관리다. 경영진으로서는 짧은 기간 내에 하나로 통합된 조직을 만들고 싶겠지만 그런 변화는 장기간에 걸쳐 지속적인 노력 없이 수개월 내에는 이루어지지 않는다는 사실이다. 변화를 강조할 때는 동기부여도 중요하기 때문에 팩트에만 집중하는 것을 지양해야 한다.

변화를 이끄는 중요한 행동 방침인 3S$_{Stop-Start-Sustain}$ 가 있다. 그것은 무엇을 그만둬야 할지 정하고$_{Stop}$, 무엇을 시작해야 할지 정하며$_{Start}$, 앞으로 무엇을 지속할 것인지를 정하는 것이다$_{Sustain}$.

점진적인 개선은 실패의 위험을 최소화하면서 작은 변화와

조정을 통해 목표를 향해 꾸준한 진전을 이루는 것이다. 조직은 빠르게 변화하는 시대의 흐름과 환경을 받아들이고 이에 적응할 수 있어야 하므로 이에 대응하기 위한 준비가 늘 되어 있어야 한다. 작고 사소한 관리가 시간이 지남에 따라 중요한 결과로 이어질 수 있기 때문에 작업의 우선순위를 정해 미래를 준비해야 한다. 아래 표와 같이 개인이나 조직 차원에서 오늘부터 실천할 행동 3S 관련 사항을 적어보자.

Stop	Start	Sustain

표4 · 3S 실천 리스트

작성하기 전에 자신이 조직에서 더 성장하기 위해서는 어떤 스킬부터 우선 보강하는 노력을 해야 하는지 생각해 보자. 내 효율성을 향상하기 위해 우선 멈춰야 할 점이 무엇일지, 가장 이상적인 모습을 10점 만점으로 했을 때 무엇을 다르게 행동해야 할지, 내가 처한 상황에서 내 강점을 어떻게 지속하면서 활용할지 기준을 세우고 리스트를 적어보자.

자신의 미래를 디자인하기

새로운 조직에서 어떻게 해야 필요한 존재가 될까? 신입사원은 누구나 한 번쯤은 고민할 법한 내용이다. 성장을 위한 비판을 겸허히 받아들이자. 하고 싶은 것도 많은데 자신이 지금 잘하고 있는지, 어디로 가야 하는지라는 또 다른 고민에 빠지게 된다. 그래서 "첫 단추를 잘 끼워야 인생이 잘 풀린다"라는 선배들이 경험담처럼 조직 생활을 어떻게 출발할 것인가는 너무나도 중요하다. 하지만 이제는 평생 직업이 아닌 여러 개의 다양한 직업을 갖는 시대가 왔다. 현재의 업業을 평생 할 필요는 없다. 그러니 조금은 가벼운 마음으로 현재의 일에 충실하면서 미래를 준비하면 된다.

자신의 미래를 어떻게 디자인할 것인지를 스스로 되묻고 구체화하는 과정은 중요하다. 그 과정에서 내가 하는 일이 나에게 어떤 의미인지를 확인하는 과정이 꼭 있어야 한다. 자신이 이 일을 왜 하고, 이 조직에서 어떤 의미를 찾으려고 하는 것인지에 대한 성찰이 먼저 일어나야 한다. 우리가 잘 알다시피 미래는 현재와 연결되어 있다. 현재의 내 행동이 미래에 영향을 미친다는 것이다. 10년 후에 자신이 현재의 나에게 어떻게 하라고 할지, 10년 후에 이 상황을 돌이켜 본다면 어떨지 미래의 시점에서 현재를 시각화하는 것이다. 흥미로운 점은 조직의 미래를 어떻게 그려 나갈 것인가? 라는 명제를 늘 고민하는 경영진의 고민과 맥락을 같이 한다는 점이다.

얼마 전에 만난 지인은 생각을 디자인하는 것에 관심이 있다고 했다. 내가 커리어를 쌓는 기간 동안 얼마나 많은 기술과 지식의 변화가 올지 알 수 없다. 세계 경제 포럼의 2023 일자리 미래 보고서에 따르면 조사 항목 26개 중에 분석적 사고Analytical thinking와 창의적 사고Creative thinking가 향후 5년 동안 핵심 능력으로 여겨지고 있다.[16] 분명한 것은 내 미래를 그릴 때 분석적 사고와 창의적 사고를 개발하는 것이 필수 조건이라는 셈이다.

---

16 World Economic Forum, 〈Future of Jobs Survey〉, 2023, p. 38

그렇다면 어떻게 실행할 것인가? 우선 자신이 통제할 수 있는 것부터 실행하자. 90일 동안의 온보딩 기간에 매일 한 장의 나만의 한 페이지 저널Journal을 작성해 보는 것이다. 주요 내용은 오늘 배운 것, 느낀 것, 깨달은 것과 실천할 것을 간략히 적으면 된다. 인상파의 대표 화가인 클로드 모네는 루앙 성당을 시간에 따른 빛의 변화를 표현하기 위해 30번 이상 그렸다. 들뢰즈가 『차이와 반복』에서 차이 나는 것만 반복되어 돌아온다고 언급한 것처럼 지금의 작은 차이가 미래에 큰 결과를 낳게 된다. 그런 의미에서 작은 성공Small Win을 반복적으로 경험하는 것이 자존감을 지키는 것이며, 자기다움을 찾는 여정이라고 생각한다.

에필로그

자기 스타일,
자기다움을 발견하다

"유행은 변하지만 스타일은 변하지 않는다"라는 입생로랑의 말처럼 자기의 스타일을 지킨다는 것은 멋진 일이다. 다른 나라에 비해 남을 훨씬 더 의식하고 사는 한국 사회 특성상 자기다움은 잃고 타인의 생활양식을 따라 하거나 보여주기식 삶에 급급하기 쉽다. 자신만의 독특함을 찾기도 어렵지만 지키는 것은 또 다른 노력이 필요해 보인다. 회사를 선택할 때도 개인의 적성과는 별개로 다수가 선호하는 대기업에 무작정 지원하는 경우가 많고, 관습처럼 어느 정도 경력이 쌓이면 보다 좋은 근무 조건을 위해 이직하는 경우가 많다. 연차가 많이 쌓이지 않은 이들은 한 회사에 계속 다니는 게 좋을지 여러 회사를 경험하는 게 좋을지 고민 상담하는 사례가 많은데, 그 질문에 대한 답을 찾기 전에 자신이 왜, 무엇을 위해서 이 업무를 하고 있는지 명확한 정체성Identity부터 찾는 것이 중요하다.

입사 후 90일 동안은 신규 입사자나 회사 관계자도 민감한 시기Vulnerable Period이다. 서로서로 테스트하는 기간이기 때문에 좀 더 주의 깊게 본다. 서로를 잘 모르는 상태에서 사소한 오해로 갈등이 생길 수도 있어서 흔들리는 마음을 잘 붙잡아야 한다. 신규 입사자는 입사 전 기대했던 것과 달리 적절한 정보와 자원이 지원되지 않는 시스템 때문에 낙심하기도 한다. 반면 회사 관계자는 신규 입사자가 적극적이지 않다고 판단하고 채용을 잘못했나 불안감을 가질 수도 있다. 이 책은 그러한 양측의 입장을 고려해 90일이라는 온보딩 기간을 어떻게 보낼 것인지 로드맵을 짤 수 있도록 안내하는 이상적인 가이드다.

이 책에는 그동안 기고한 다수의 칼럼 일부가 포함되어 있다. 아울러 주로 새로 커리어를 시작하는 독자들을 주안점으로 두었음을 밝혀둔다. 2023년 한 경제 신문 기사를 보니 MZ사원 약 80%가 퇴사를 고민했다고 한다. 10명 중에서 8명이 회사를 떠날 생각을 했다는 것이다. 그러니 회사 관계자는 신규 입사자가 연대감A sense of connection을 가질 수 있도록 세심한 관심과 지원을 하는 것이 무엇보다 중요하다고 하겠다. 진정 신규 입사자가 원하는 것이 무엇인지 경청하는 것만으로도 그들에게 심리적 안정감을 줄 수 있다.

입사 후에 조직 생활을 잘 헤쳐 나갈지Swim 또는 가라앉을지Sink는 온보딩 기간을 어떻게 보냈는가에 영향을 받는다. '채용했으니 알아서 잘해 봐라'라는 방식은 성과 창출에 도움이 되지 않는다. 물론 온보딩에 적응하지 못한다고 저성과자low performer 가능성이 크다고 할 순 없다. 이 부분에 대해서는 좀 더 연구가 필요해 보인다. 그러나 경험상 퇴사 또는 계약 종료 가능성으로 이어질 가능성이 크다. 지금은 예전과 같이 한번 입사하면 '정년까지 이 조직에서 일하겠다'라는 굳은 결심을 기대하기가 어렵다. 조직문화나 상사에 실망하거나 아니다 싶으면 언제든지 더 좋은 기회를 찾아서 퇴사하는 것이 오늘의 현실이다. 눈에 보이는 것만 좇다 보면 회사나 개인이 지닌 잠재력을 놓칠 수 있다. 이러한 우愚를 범하는 섣부른 판단을 경계해야 한다.

회사의 많은 직무는 다 필요하므로 존재한다. 그러므로 조직 내 직무를 수행하는 구성원들은 나름대로 다 의미가 있다. 조직은 유기체와 같아서 끊임없이 변화하고 진화한다. 사회 곳곳에서 커리어의 대변혁Revolution과 전환Transition이 일어나고 있다. 생성형 인공지능Generative AI이 가속화되면서 기존에 있던 직무가 더 빠르게 사라지고 새로운 직무가 생겨날 것이라고 한다. 이 책이 새로운 환경에서 새로운 직무를 맡게 되는 독자들이 적응하는 데 한결 수월한 안내서가 되기를 소망해 본다.

    이 책이 나오기까지 관심과 수고를 해준 홍현표 실장과 편집 과정에서 애써주신 최미혜 편집자에게 감사한 마음을 표한다. 묵묵히 옆에서 격려해 준 가족에게도 고마움을 표한다. 이 책은 미국계와 유럽계 외투기업과 공기업에서 근무했던 소중한 경험을 바탕으로 썼다. 조용한 물이 깊이 흐르듯이, 내 생각과 다양한 조직에서의 경험이 이 책에 녹아들어 독자들과 의미 있는 소통의 문이 열리기를 기대한다.

참고문헌

| 국내 문헌 |

강승훈, 「한국 기업, '영혼을 담은 몰입'이 필요하다」, 《LG Business Insight》, 2014.
최지현, 「KB 지식 비타민: 기업의 인재 영입과 온보딩 트렌드」, KB금융지주 경영연구소, 2019.
대한상공회의소, 「100대 기업이 원하는 인재상」, 대한상공회의소, 2023.
서울경제신문, 「MZ사원 80% "퇴사 고민 중" … 막을 수 있는 방법은?」, 2023. 3. 19.
신형덕, 『잘되는 기업은 무엇이 다를까』, 스마트북스, 2016.
천성현, 『HR 메가트렌드 – 패러다임의 전환』, 가디언, 2021.
고현숙 외, 『코칭하는 조직만 살아남는다』, 두앤북, 2019.
최규철, 「조직의 미래, 어떻게 그려 나가야 할 것인가!」, 《월간인사관리》, 2018. 7월호.
최규철, 「승진가능성과 역할세분화를 점검할 때」, 《월간인사관리》, 2021. 8월호.
최규철, 「자신의 인생시계를 돌아보고 색다른 도전을 해보자!」, 《월간인사관리》, 2022. 3월호.
최규철, 「신규인력 온보딩 위한 '30-60-90'day Plan」, 《월간인사관리》, 2022. 7월호.
최규철, 「뉴 포맷의 리더십이 그립다」, 《월간인사관리》, 2023. 1월호.
최규철, 「변화를 이끌어내는 리더」, 《월간인사관리》, 2023. 3월호.
최규철, 「인사담당자 성장 및 역량개발 방안」, 《월간인사관리》, 2024. 1월호.

| 국외 문헌 |

Bamboo HR, 「The Incredible Impact of Effective Onboarding」, BambooHR, 2018.
Beverly Kaye·Sharon Jordan-Evans, 「Love It, Don't Leave It」, Berrett-Koehler Publishers, 2003.
DDI, 「Global Leadership Forecast」, DDI Inc., 2023.
Executive Talent 2025, 「What's now, new and next in global C-Suite talent」, by the Association of Executive Search and Leadership Consultants, 2019.
Gallup, 「State of the Global Workplace: 2021 Report」, Gallup Inc., 2021.
Kevin Martin·Justin Bourke, 「Onboarding The First of Line Management」, Aberdeen Group, 2010.
Michael D. Watkins, 「The First 90 Days」, Harvard Business Review Press, 2013.
Talya N. Bauer, Ph.D, 「Onboarding new employees:maximizing success」, SHRM Foundation, 2010.
World Economic Forum, 「Future of Jobs Report」, World Economic Forum, 2023.